AF434070

La mente y el corazón del logista

La mente y el corazón del logista

Laura Pujol Giménez
Mariano F. Fernández

Colección: BIBLIOTECA DE LOGÍSTICA
Director: David Soler

LA MENTE Y EL CORAZÓN DEL LOGISTA
1.ª edición, 2016

© 2016, Laura Pujol Giménez y Mariano F. Fernández
© de la presente edición, 2016, ICG Marge, SL

Edita: Marge Books
València, 558 – 08026 Barcelona
Tel. 931 429 486 - marge@margebooks.com
www.margebooks.com

Gestión editorial: David Soler
Edición: Alba Megías Villanueva, Cristina Torres Murillo
Colaboración editorial: Covadonga García Fierro
Diseño portada: César Aloy
Compaginación: Mercedes Lara
Impresión: Prodigitalk, SL (Martorell, Barcelona)

ISBN: 978-84-16171-15-6
Depósito Legal: B 22674-2022

 El papel empleado en este libro no ha sido blanqueado con cloro elemental (Cl_2).

A Elisenda Franquet i Font

ÍNDICE

PRÓLOGO

Se habla mucho del mundo global y muy poco de las personas que, con su oficio y experiencia, realmente ensanchan nuestro mundo diariamente. Tenía que llegar el día en que esta historia se contara y ha sido aquí, en las páginas de este libro. Decía la escritora Virginia Wolf que nada se comprende hasta que se ha escrito. Estas páginas recogen vivencias de hombres y mujeres de la logística y relatan, con emoción y a pie de negocio, un oficio imprescindible para la competitividad. Partiendo de la experiencia, nos aportan reflexiones y moralejas que van más allá, son verdaderas lecciones de vida.

Manual muy útil para los jóvenes que se adentren en el sector, para los profesionales ya veteranos este libro será un ameno compañero de viaje donde rememorar experiencias propias. Para todos, es un libro que reclama el reconocimiento para un conjunto de profesionales y en donde se pone en perspectiva la importancia para el comercio de ser eficiente, otorgar servicio, crear confianza y garantizar seguridad. Me enorgullece decir que el Consorci de la Zona Franca de Barcelona, desde su creación ahora hace un siglo, siempre ha estado al lado del profesional logístico y ha contribuido en lo posible al reconocimiento del sector.

Negociar calculando el margen y el riesgo, mente y corazón, pero anteponiendo el servicio al cliente y el prestigio profesional: Ahí radica la competitividad y así se amplía el mercado para nuestras empresas. Hay que insistir en que la logística es clave para la competitividad, hay que explicarlo en todas partes y decirlo alto y repetirlo diez, cien, mil veces.

JORDI CORNET I SERRA
Delegado Especial del Estado
en el Consorci de la Zona Franca de Barcelona

AGRADECIMIENTOS

Nos satisface decir que *La mente y el corazón del logista* es en grandísima medida una creación colectiva. Estamos en deuda con los profesionales del comercio internacional y la logística que han participado de manera desinteresada en este proyecto al contarnos sus vivencias y reflexiones. Sumamos cincuenta personas con capacidades excelentes, mujeres y hombres, en paridad:

- Mercè Abelló, Directora General de Space Cargo Services
- Rosendo Árias, Director General de Algeciras Puerto Import-Export y ExPresidente de ATEIA-OLTRA Campo de Gibraltar
- Raúl Bernal, Director General de Transbull Cádiz y Presidente de ATEIA-OLTRA Campo de Gibraltar
- Mercè Brey, Directora de Comercio Exterior de CaixaBank
- Carlos Castán, Responsable de Logística Externa de Grupo Celsa
- Mar Cazorla, Responsable de Back Office de Transnatur
- Luis Cleminson, Director General de Asta Logistik

- Miquel Climent, Presidente de Transprime
- Edward Crespo, International Logistic Manager de Mahou-San Miguel
- José María Delgado, Apoderado de Agencia Paublete
- Lydia Díaz, Directora General de Liberty Cargo
- Jordi Espin, Gerente de Transprime
- Hermelinda Fernández, Tracosa Aduanas
- Anna Figueras, Jefa Adjunta de Dependencia Regional; Departamento de Aduanas e Impuestos Especiales de la Agencia Tributaria
- Francesc Filella, Departamento de Logística de Nissan Motor Ibérica
- Geannina Flores, Directora de Operaciones de T. I. Intercargo
- Rosa Franco, Apoderada de Cadiship
- Carlos Gavilanes, Jefe de Área Regional de Vigilancia Aduanera; Departamento de Aduanas e Impuestos Especiales de la Agencia Tributaria
- Isabel Gibert, Directora General de J. Gibert
- Carolina Gómez, Directora Comercial de QL Logistics Solutions
- Jordi Gornals, Director de Logística de Dow Chemical Ibérica
- Carmen Guillén, Directora General de CMA-CGM Ibérica
- Manuel Herrera, Director General de Agencia Taliarte y Presidente de ATEIA-OLTRA Las Palmas
- Dora Homs, Head of Auto and H&H Sales y Customer Care Manager de Wallenius Wilhelmsen Logistics Iberia
- Xavier Lluch, Director General de Xavier Lluch Logistics Consultants

- Jesús Martinez, Profesor y Coordinador del Grado en Logística y Negocios Marítimos de Tecnocampus, Escuela Superior de Ciencias Sociales y de la Empresa, Universidad Pompeu Fabra (UPF)
- Emilio Medina, Director General de Cadiship, Presidente de APEMAR y ExPresidente de ATEIA-OLTRA Cádiz
- Martina Merlin, Manager Shipping Export de Fr. Meyer's Sohn International Logistics
- Jaume Munné, ExGerente de Transprime
- Gemma Nadal, Adjunta a Dirección General de Nadal Forwarding
- Ramón Oliete, Director General de Wallenius Wilhelmsen Logistics Iberia
- Antonio de la Ossa, Director General de Ibercóndor
- Pura Paublete, Directora General de Agencia Paublete
- Manel Pérez, Responsable del Departamento de Importaciones y Aduana de Eurofred
- Yolanda Porras, Directora de Aduanas y Responsable de OEA de Ibercóndor
- Rosa Prenafeta, Directora del Consell d'Usuaris del Transport de Catalunya
- Silvia Pueyo, Directora General de Globelink Uniesco
- Rosa Puig, Directora Comercial de la Autoridad Portuaria de Barcelona
- Mónica Quintana, Directora del Área Mediterránea de Altius
- Ángel Rodríguez, Departamento de Logística de Nissan Motor Ibérica
- Mar Rojo, Departamento de Marketing y Ventas de Ibercóndor

- Juan Mari Ruiz; Director General de Asthon Cargo y Presidente de ATEIA-OLTRA Bizkaia
- Raquel Serrano, Departamento de Shipping Export de Fr. Meyer's Sohn International Logistics
- Blanca Sorigué, Directora General del Salón Internacional de la Logística y de la Manutención (SIL)
- Fanny Torras, Directora de Logística de Quimidroga
- José G. Uceda, International Logistic Front Office de Mahou-San Miguel
- Juan Vidal, Director General de Cayco y ExPresidente de ATEIA-OLTRA Cádiz
- Ramón Vilaseca, Salt Sales Manager de Grupo ICL
- Mónica Viloria, Jefa de Transporte y Comercio Exterior del Departamento de Logística Integral de Ercros
- Francisco Zaragoza, ExDirector General de Francisco Zaragoza Transitario
- Y todos aquellos que forman parte de nuestras propias trayectorias de aprendizaje.

Expresamos nuestra gratitud al Consorci de la Zona Franca de Barcelona y al Salón Internacional de la Logística y de la Manutención (SIL) por el apoyo institucional que han brindado a la presentación y difusión pública de este libro. Asimismo, agradecemos a Ediciones Marge su respaldo editorial.

Y, finalmente, profundamente gracias a César Aloy por cedernos su diseño de portada y a Ángeles Giménez, Maribel Gómez y Encarnación Lebrero por su apoyo constante.

INTRODUCCIÓN

La experiencia contiene valiosos aprendizajes. La logística es una actividad multidisciplinar que reúne a profesionales de distintas especialidades. Compartir conocimientos entre nosotros ha sido y sigue siendo una necesidad y una práctica constante. En esta obra conocerás buena parte de este conocimiento experiencial colectivo a través de historias anecdóticas vividas por profesionales del sector, que te ayudarán a conocer y reflexionar sobre los principales retos en la prestación de los servicios logísticos.

Al escribirlo, nos mueven varios propósitos:

1. **Reconocimiento.** Los profesionales de la logística, protagonistas de las vivencias que aquí se presentan o de casos parecidos, merecen el reconocimiento por su saber hacer probado y demostrado. Este libro traslada fundamentos prácticos del negocio logístico a través de historias y reflexiones. Los protagonistas de estos relatos son los actores de un negocio en permanente adaptación y evolución, en sintonía con los desarrollos del comercio internacional en un mundo global.

2. **Pedagogía.** Los jóvenes que se inician en esta actividad, y los que todavía la estudian, accederán a una doctrina que no se aprende sino en la vida diaria del profesional de la logística.

3. **Confianza.** La logística supone uno de los grandes desafíos para una empresa; está en juego que la mercancía llegue en buenas condiciones y en plazo. El transitario participa en la cadena de valor del cliente que opera en el comercio internacional, aportando su conocimiento especializado y solvencia profesional para que la operación se realice con garantías de éxito. Esperamos que acercar esta actividad con la complicidad que hemos procurado contribuya a las relaciones orientadas a la efectividad, el beneficio mutuo y el largo plazo.

4. **Concienciación.** La Administración es consciente de la importancia del desempeño logístico. Sin embargo, la logística es una temática con poca presencia en los medios de comunicación, excepto en la prolija prensa sectorial. Una mayor visibilidad de la logística generará interés entre los jóvenes por desarrollar carreras profesionales vinculadas a este sector. Creemos que es importante. Los *logistas* aportan capacidades clave que repercuten en los márgenes de operación de las empresas, en los precios que pagan los consumidores, en el acceso a mercados globales; en definitiva, en la competitividad de la economía.

Por todo ello, hemos querido dar visibilidad a los actores de la logística, en especial al transitario, y compartir nuestro saber hacer profesional mediante ejemplos de las casualidades y causalidades que pueden suceder en el comercio internacional. Esperamos que este libro se lea, se cite, se interiorice y se ponga en práctica.

LA OFERTA

¿POR QUÉ ME VAN A CONTRATAR?

UNA RELACIÓN GANAR-GANAR

En una misión comercial coincidí con un importador de Madrid que traía una mercancía sujeta a revisiones para-aduaneras que entraba por Valencia.

Surgió la buena sintonía y compartimos horas de conversación y mesa. Me comentó los problemas que tenía con un proveedor y la intención de identificar una alternativa en ese viaje. Yo había estado ya en Argelia, en una misión anterior, y pude explicarle mi percepción y experiencia haciendo negocios en ese país, donde contaba con agentes de confianza. Moví mis contactos y logré información muy relevante para él sobre un par de nombres en su agenda de reuniones, fruto de lo cual pudo encontrar al socio justo. Me pidió que le pasara una oferta.

—¿Te importa cambiar el tráfico a Barcelona? Es el mejor puerto para entrar tu carga. Además, es donde tengo la oficina central y desde allí tengo el tema del transporte a Madrid muy controlado.

—Estamos pasando bien las inspecciones para-aduaneras. Si entra bien por Valencia, no me compliquéis la vida —su reticencia era comprensible.

—No creo que tengamos trabas. Considera el paquete entero de servicios que te ofrece el puerto de Barcelona. Aquí tienes barcos directos, evitamos los transbordos y desde origen tienes tres llegadas al mes, menos *transit time* y más posibilidad de servicios.

Mi propuesta, incluido el precio, era razonable y hoy mi cliente sigue importando con éxito por Barcelona.

....

Los clientes buscan eficiencia, precio y servicio, pero la confianza sigue siendo un valor muy grande. Al final somos personas, hay química o no, y te fías más de alguien que ya te ha demostrado su comportamiento. Sigue siendo así, afortunadamente.

....

Trabajando en redes, trabajando en ferias

Anualmente asisto a una feria de agentes de carga en Asia y es la mejor inversión comercial que puede realizar mi empresa. Con un mes de antelación te organizas para llenar tu agenda de reuniones durante tres intensos días. Las reuniones duran quince minutos; entonces cambias de mesa y de silla y te vas a hablar con otro contacto. Puedes llegar a ver a cuarenta agentes. Y, claro, repetir la misma historia cuarenta veces.

En una pausa para café me encontré a un agente que había conocido en alguna reunión hacía tiempo y al que no había vuelto a ver en años. Me senté a hablar con él. Los dos habíamos cambiado de empresa. Me dijo que él tenía un reto muy grande. Trabajaba en una transitaria en Dubai, tenía un amigo en un grupo empresarial con sede allí y quería conseguir el contrato para la importación de ascensores desde España. Me confesó que lo veía muy difícil porque estos trabajaban con un transitario muy grande que también tenía oficinas en Dubai. Pero él quería ganárselo y que yo le ayudara para que juntos, siendo pequeños, nos lleváramos al cliente.

Me contó cómo era el negocio, a cuánto estaban pagando más o menos el flete, a lo que tenía que llegar, la cantidad de contenedores que tenían mensuales —que para nosotros estaría muy bien llevárnoslos—, e incluso me preguntó si podía llamar a mis compañeros en Barcelona para que le pasara tarifas de en cuánto le podía vender el flete.

Como lo conocía ya de antes y sabía que es un agente con buena reputación, incluso de pagar muy bien, llamé a la oficina y le pedí a un compañero tarifas de Valencia a Jebel Ali. Inmediatamente las buscó.

—¿Te las doy a precio de compra o quieres que les ponga algún *profit*?

—Bájala un poco, porque yo sé que lo podremos negociar y si le pongo algún margen ya no vamos a llegar. Respondí.

Bajó cincuenta dólares por contenedor. Me di la vuelta, miré a mi interlocutor y se lo mostré.

—Esta es la tarifa que yo te puedo dar y no estoy ganando nada. Si quieres, en los primeros contenedores, si no tengo que financiarte y tú me pagas al contado, lo podemos hacer sin ganancia. Pero si yo tengo que financiarte no puedo ofrecerte esta tarifa, estoy perdiendo cincuenta dólares y a mi jefe no le va a gustar nada. Sabes que en esta red, por regla general, los negocios entre *partners* tienen treinta días de crédito. Sinceramente, a mí lo que me interesa es que nos ganemos la confianza de este cliente y poder empezar a embarcar para él.

—Muy bien, acepto los términos.

Y allí mismo, delante de mí, escribió el correo, puso la cotización y se lo mandó a la empresa objetivo en Dubai.

Todo esto pasó durante la pausa para café. Luego tenía una reunión a la que no fui, o sea, la incumplí, porque consideré que esto era muchísimo más importante. Al fin y al cabo, era un negocio que estaba gestando ahí mismo. Él se despidió con un «Espero que nos salga muy bien y contactarte muy pronto». Yo, dentro de mí, estaba ansiosa con la posibilidad de decir que trabajamos con esa empresa tan grande y conocida.

Tan pronto como llegué a Barcelona, le escribí que ya estaba de regreso y me respondió un correo haciéndome el primer *booking*. Contacté a la naviera para decirle que había conseguido este embarque y no se lo acababan de creer. Me preguntó cómo lo había conseguido. Le dije que por favor me ayudara, que necesitaba que me rebajara los cincuenta dólares que yo le había bajado a mi agente. La naviera no aceptó y tuve que asumirlos yo. En los primeros tres contenedores tuve que perder. Pero empezamos a trabajar con ellos y ya hace un año y medio que les embarcamos cinco contenedores al mes. Es uno de nuestros principales clientes.

El agente en Dubai llevaba mucho tiempo detrás de este cliente y había hablado con muchos agentes en España pero ninguno le había ofrecido la tarifa neta o incluso por debajo.

Yo me arriesgué porque lo había aprendido de mis jefes. Si lo lográbamos, asegurábamos una relación estable con una naviera muy importante. Cuando tienes un tráfico regular con una naviera grande ya te consideran un cliente capaz de cerrar más tráficos; entonces, cuando les pides tarifas para otros clientes, apuestan por ti. Significaba ganar la confianza de la naviera en mi empresa. Y para mí, como joven transitaria, significaba volver de Asia con algo en mis manos, con un negocio y un agente en Dubai.

Estas ferias son así. El negocio se genera en el momento y lugar que menos piensas, pero siempre te encuentra trabajando.

. . . .

En las ferias sectoriales se genera negocio de una forma muy ágil. Para ello se hace imprescindible contar con personas preparadas, proactivas y con idiomas.
La pertenencia a redes internacionales de agentes ayuda a generar carga. Venderse muy bien en eventos de networking tiene retorno.

. . . .

VENDER CON TRANSPARENCIA

Revisando ventas con mi jefe me dice: «En un año has doblado la facturación de este cliente. ¿Dónde está la clave del éxito?».

Cambiaron al interlocutor. El anterior era opaco, no respondía a nuestras propuestas más allá del «Sí, pero déjame ver el precio» o «No, esto no», y cortaba el acceso. Me discutía precios por diez euros. Llega un momento en que si no ves un mínimo interés por trabajar con nosotros, difícilmente vamos a llegar a nada.

El nuevo fue muy claro:

—Te voy a ser muy franco, estoy contigo porque en primer lugar desde operaciones me dicen que por favor siga con vuestra empresa, que están muy contentos y que por favor no cambiemos —yo pensé: «vamos bien, me gusta»—. También te digo que me han contratado como director de compras, por tanto, tengo que ceñirme a costes y tengo que ganarme mis medallas. Este año nos proponemos un 2% de reducción.

—Y estás llamando al que te provee de transporte... —respondí lacónica.

—Exacto. En transporte tengo diez transitarios. Es imposible que se puedan gestionar tantos transitarios. Además, creo que si se concentra todo en tres, como mucho, incluso se pueden conseguir mejores precios.

Vi la luz:

—Tú quieres trabajar conmigo, ¿verdad? Porque tu departamento de operaciones te lo está pidiendo. Bien, pues ayúdame. Dame información del volumen de negocio, número de contenedores y valor de las mercancías para el tema de despachos, destinos, servicios, etcétera.

Me pasó toda la información que le había pedido. En mi oficina empezamos un proceso de ardua negociación con las navieras y con las compañías aéreas para conseguir mejores precios.

Hubo total transparencia. Yo presenté mi primera oferta.

—Aquí y aquí te desvías por encima de otros proveedores.

Renegociamos. Nuestro *back-office* estaba plenamente involucrado en el trabajo que yo estaba haciendo en *front-office*.

—Necesitamos bajar cincuenta dólares aquí, busquemos opciones.

Llamaron a otras navieras y a la misma de la que habíamos presentado el flete:

—Estamos en esta negociación, bájame cincuenta, te damos todo el volumen.

Yo trabajé en la hoja de cálculo de los precios FOB.[1] ¿Cómo podemos ajustar esto? Mira el volumen, nos tiramos a la piscina, lo hacemos.

Se confeccionó la nueva oferta y se volvió a presentar.

No, no entramos por precio... Sino por capacidad de respuesta y por la confianza generada. Incrementamos volumen y facturación, manteniendo el margen global.

· ·

La transparencia puede favorecernos a todos. En la aproximación al cliente mírale a los ojos y dile: «Ayúdame a ayudarte. ¿Qué necesitas? Comparte conmigo la información, si yo no llego en costes te diré "contrata a estos y ya está". ¿Qué pierdes siendo transparente conmigo?».

· ·

· · · · · · · · · · · · · · ·

[1] Siglas de la regla Incoterms *free on board* o «franco a bordo».

Il PROFESSORE

Fui corresponsal en España para un transitario italiano, San Benedetto. Era el agente de un grupo italiano, Rinaldi, con fábricas de papel y cartón en varios países, incluida España. El Profesor San Benedetto era amigo de la viuda dueña del grupo, y por ello, como se acostumbraba en las familias italianas, era agente exclusivo. Nos pedían que coordináramos las exportaciones de las fábricas de España.

—Todo lo controlamos en Trieste. Tú nos pasas las ofertas y yo se las paso a la central de Milano. Tú me facturas a mí y yo facturo a Rinaldi en Milano.

Mandamos una oferta.

—¡Carísimo! ¿Con qué naviera? ¡Ah! Nosotros tenemos un acuerdo con esta naviera. No te preocupes, lo extenderemos a España.

Disimulando mi enfado, intenté poner algo de sentido común:

—Mira, si tienes este acuerdo, ¿por qué no hacemos una cosa? Paga tú los fletes a la naviera en Italia, factura tú en Italia, y yo te hago las ofertas hasta FOB: el transporte desde las fábricas, los gastos del puerto, etcétera.

Silencio. A los tres días contesta:

—Esto es complicado. Te entregan el B/L[2] en Barcelona y yo tengo que pagar aquí, puede haber una demora en la entrega de documentos...

....

[2] Siglas de *bill of lading* o «conocimiento de embarque marítimo».

Yo lo vi venir. Tenían los mismos fletes que les habíamos hecho en la oferta pero intentaban presionarnos. Al final firmamos contrato. Y ellos siempre: «Carísimo, carísimo...».

Hubo una reorganización en el grupo y contrataron a un transitario italiano como director de toda la logística de Rinaldi. Nos visitó por sorpresa. Hablaba español.

—Nosotros hablamos el mismo idioma, ¿no?

—Sí, claro.

—¿Podemos revisar estos números?

—Mira, Fabio, yo no hablo directamente con la Sra. Nina en Milano —que era quien hacía la documentación y nos mandaba las cartas de crédito.

—¿Cómo? ¿Tú no hablas con la oficina?

—No, yo hablo con el jefe de exportación de San Benedetto —vi que el hombre abría los ojos...

—*Non capisco niente...* ¿Y a quién facturas? ¿A Rinaldi, en Milano?

—No, yo facturo a San Benedetto.

—Ja, ja, Mario —pese a haber intercambiado tarjetas, me llamaba Mario—, *ora capisco tante cose...*

Así se fue Fabio, haciendo bueno el dicho de que no existen preguntas sin respuesta, solo preguntas mal formuladas. Informé a Trieste de la visita:

—¿Qué ha dicho este? —En San Benedetto estaban preocupados.

—Me ha preguntado cómo funcionamos.

—¿Y te ha preguntado costes?

—No, yo no he hablado de costes.

Al cabo de dos semanas, me llaman de nuevo de Trieste para comunicarme que Rinaldi ha decidido que en España trabajará directamente con nuestra oficina. Llamé de inmediato a Fabio para agradecerle la confianza. Me dijo:

—Mira, yo no conocía muy bien el sector papelero, pero me he enterado del conocimiento especializado de vuestra empresa transitaria en esta industria, así que para qué ir vía San Benedetto. A partir de septiembre, factura directamente a la central en Milano, porque hemos cambiado toda la estructura... Las condiciones de pago aquí son cuarenta y cinco días —a mí los de Trieste me pagaban a treinta días—. Y para dar continuidad a los temas, ¿cuándo has revisado las últimas ofertas?

—Hacemos ofertas cuatrimestrales, con revisión de CAF[3] y de BAF.[4] La de septiembre-diciembre ya la tiene San Benedetto. ¿Seguimos con ello?

—Te digo algo —en pocas horas recibo su *e-mail*.

—La oferta de San Benedetto está aprobada. Nos la facturas directamente a nosotros.

Yo, por escrito, quise aclarar con Trieste:

—Pero, ¿cuál es tu oferta? ¿Es la misma que la mía a ti?

Mi interlocutor me contestó por teléfono, riéndose de toda la historia. Llegó mi momento:

—Oye, mira, me has estado amargando la vida tres años. Te has estado ganando un buen *profit*, yo trabajando aquí y tú de

....

[3] Siglas de *currency adjustment factor* o «ajuste por compensación de cambio» que aplican las compañías de transporte sobre el flete, según el día en el que se produce la carga, por diferencias de cambio de divisas, en sentido positivo o negativo.

[4] Siglas de *bunker adjustment factor* o «ajuste de combustible». Ajuste en las tarifas que aplican las navieras por el incremento o descenso del precio del combustible, según el día en el que se efectúa la carga.

señor, recibiendo una factura, pasando otra al cliente y todos los problemas para mí.

Él siguió riendo y continuamos siendo amigos.

....

El beneficio para el cliente es que tú haces algo mejor que otro o que, haciéndolo igual de bien, lo haces más barato. Mas la mayor parte de los contratos no se deciden por precio. Nos contratan porque somos expertos. El aporte real de valor que seas capaz de construir en tu oferta gira en torno a tu expertise.

Sé el que más sabe; fórmate, lee y aprende apasionadamente toda tu vida.

....

SELECCIONA COMPAÑEROS DE VIAJE CON CRITERIO E INFORMACIÓN

Cartón especial para el Gobierno de Irak

Como transitario calculo el riesgo a la vez que el margen. Es el criterio de la experiencia. En 1977 nos contrataron para exportar diez mil toneladas de un cartón especial para el Gobierno de Irak. El transporte se realizaba por barco de Barcelona hasta Beirut y de Beirut a Bagdad con camiones. Contratamos una naviera y también un transitario en Beirut que disponía de una flota de camiones. Así íbamos haciendo los envíos progresivos.

Prácticamente a mitad del contrato de las diez mil toneladas, nuestro cliente nos dijo que había conocido a un empresario de Barcelona que tenía un amigo con una representación de una naviera turca y que la iba a hacer venir a Barcelona. Mi cliente le comentó que él tenía estos tráficos de cartón y que le quedaban cinco mil toneladas para mandar a Bagdad. Con esta información de fondo, el cliente me convocó a una reunión con el personaje. Nos reunimos y nos explicó más o menos quién era la compañía turca que estaba operando estos barcos.

Puse a mi equipo a investigar y vimos que no era ninguna compañía propietaria de barcos sino que se trataba de un chárter. Fletaba los barcos hasta Estambul y desde allí organizaba con sus transportes la llegada a Bagdad. Comuniqué mi reticencia al cliente pero, como era de esperar, el señor en cuestión nos dio su oferta, conocida tanto por nosotros como por el exportador, y desde luego era bastante más económica que la que se estaba haciendo por Líbano. Empezamos a realizar los embarques por esta vía alternativa.

Los embarques normalmente eran del orden de quinientas toneladas por barco. Las primeras, aun con cierto retraso en la entrega de Estambul a Bagdad, fueron bien. Las segundas empezaron a tener problemas. A mitad de la carga, cuando llevaba transportadas unas doscientas toneladas, recibimos un telefax diciendo que tenían dificultades con los camiones porque ahora estaban ocupados con otros tráficos y que el precio se incrementaba o que no podía seguir.

El cliente me dijo:

—Resuelva este caso, hable usted con este señor.

A lo que contesté:

—Usted nos lo recomendó, usted fue quien aceptó los precios, nosotros aquí no tenemos nada que ver y no tenemos ninguna fuerza para presionarle.

Pero el cliente declinaba su responsabilidad:

—Este es su *baby*, proteste usted.

Amenazamos duramente al turco en cuestión y nos contestó que o aceptábamos el nuevo precio, o la mercancía se quedaba en el puerto de Estambul. Como era un crédito complicado, el cliente al final aceptó el incremento de precio para lo que quedaba del segundo *shipment*, pero para el embarque siguiente quería volver a la vía de Beirut.

Cuando volvimos a la vía de Beirut, el transitario local no nos esperaba con los brazos abiertos:

—Ustedes nos abandonaron. Ahora que vuelven, nuestro precio es este.

El exportador aceptó volver a los precios que tenía a través de Líbano cuatro meses atrás y la diferencia la teníamos que absorber nosotros como transitarios. A pesar de eso, se aceptó la oferta y terminamos toda la operación.

El cliente nos dejó pendientes de pago las últimas facturas, por valor de unos once millones de pesetas (sesenta y seis mil euros). Tras varias negociaciones, no hubo manera de llegar a un acuerdo. Fuimos a los tribunales y después de tres años, la Audiencia Provincial nos condenó porque decía que como intermediarios éramos agentes responsables por la contratación de terceros. Llevamos el caso al Tribunal Supremo. Finalmente, en una sentencia ejemplarizante en esos momentos (1981), se nos dio la razón. Los transitarios estamos obligados a cumplir las instrucciones del cliente. Pero si sus instrucciones o la parte contratada siguiendo sus directrices resultan en fracaso, no somos responsables de la fiabilidad del tercero.

· ·

La misión del transitario implica dar confianza y garantía en la operación de comercio internacional. Hay que estar exhaustivamente informado para valorar las opciones, cada una con sus riesgos y eficiencias.
El propio mercado acaba expulsando a quien no es transparente.

· ·

La carta de crédito va a misa

Una empresa, con cierta tradición exportadora, recibe una carta de crédito en condiciones CIF[5] en la que se indica la naviera a contratar. Me llama el hijo del dueño para consultarme:
—¿Esta naviera viene a Valencia? ¿Es solvente?
Le informo:
—Esta no viene a Valencia. A este destino hay dos compañías desde aquí. Dale al cliente las dos opciones; dáselas con nombres y apellidos y pregúntale a ver cuál considera él que es la mejor.
Contesta:
—Ya te lo digo yo ahora: de estas, la MR.
—Sí, mira, pero la diferencia de flete con esta otra son doscientos dólares más.
—No, no, pero la MR mejor.
—Bien, pues dile al cliente que embarcarás con la MR y que le tienes que aumentar el flete en doscientos dólares.
—¡Ah, no! ¡Que diga él con quién quiere embarcar!
—Mira, pásate por mi oficina y vemos juntos la carta de crédito y las alternativas.
En cuanto tengo la carta de crédito, miro quién es la naviera, compruebo el vencimiento y veo la fecha de embarque: «Embarque, día 30».
—Esto sí que es un problema. Estamos ya a 27 y el primer barco que sale es el día 2. Ahora sí que no tienes más remedio

....

[5] Siglas de la regla Incoterms *cost, insurance and freight* o «coste, seguro y flete».

que informar al cliente de que la naviera indicada en la carta no embarca aquí, que la próxima salida es con la MR y que el flete es doscientos dólares más caro. Tiene que prorrogarte el vencimiento de la carta de crédito y aceptarte la subida del flete.

Finalmente se modificó la carta de crédito, se embarcó veinte días más tarde con otra naviera y se evitó el incremento del flete.

....

Las entidades financieras y los transitarios, los agentes logísticos en este caso, son dos piezas indispensables en la cadena de valor de una empresa que realiza operaciones de comercio exterior. No veamos que es la empresa la que trabaja con un banco y es la empresa la que trabaja con un transitario, sino que es la empresa que trabaja con un banco y un transitario y que ambos ayudamos a que esas operaciones salgan adelante sin problemas.

La operación mejora si el beneficiario de un crédito documentario, al recibirlo, inmediatamente lo pasa a su transitario para que este revise si efectivamente se pueden cumplir las condiciones establecidas en el condicionado y solo entonces lo acepta. Así se trabaja conjuntamente para poder tener una documentación conforme a lo que pide el crédito. Hacer una modificación de un crédito documentario conlleva empezar de nuevo el protocolo administrativo que genera este instrumento.

....

PRECAUCIÓN

Tenía un cliente estadounidense que importaba desde España material de construcción que enviábamos a California. Un día viene acompañado de un cliente suyo y me pide que incluyamos en el grupaje coches de este señor. Concretamente eran Porsche. Para mis adentros decía: «Un Porsche es una cosa que vale mucho dinero. Dios me guarde de que le hagamos una rayada». Y veía al encargado de conducirlos contentísimo.

Enviamos uno, dos y otros más. Estaban matriculados a nombres de norteamericanos y a mí me extrañaba un poco que un norteamericano enviara automóviles Porsche de España a Estados Unidos. Al cabo de un tiempo vuelve a venir por la oficina y le pregunté.

—Sr. Harper, usted me da unas expediciones que me generan un beneficio y además me paga bien. Pero yo tengo la mosca detrás de la oreja. ¿Por qué narices enviamos vehículos nuevos de la marca Porsche de aquí a Estados Unidos? Porque yo, mire, si no lo veo claro, no haré más expediciones.

—Lo encuentra raro, ¿no?

—Muy raro. Porque en Estados Unidos venden coches Porsche. Entonces, ¿por qué se tienen que comprar aquí? ¿Por qué a un señor de Estados Unidos se le tiene que ocurrir comprar un Porsche en Barcelona?

—Mire, se lo explicaré y lo entenderá; y espero tranquilizarle. Los alemanes son gente muy cuadriculada y dan unos cupos a cada distribuidor de cada país. El distribuidor de Barcelona tiene que vender X vehículos Porsche al año y el de los Ángeles tiene que vender X. Lo único que pasa es que en Barcelona ahora no circula tanto dinero para comprar estos coches tan caros y en California, en estos momentos, hay mucho dinero y la gente los quiere. El de aquí no sabe cómo sacárselos de encima y el de allí tiene cola. Yo al de aquí le negocio un descuento y al de allí un aumento, no demasiado, pero oiga, con cada coche que vendo me pago el viaje que yo hago para venir a comprar el material de construcción.

—Esto me parece muy razonable. Le seguiré enviando tantos Porsche como quiera.

—¿Está usted tranquilo?

—Sí, ahora lo estoy, lo he entendido.

· ·

El riesgo en la aceptación de cliente no es transferible. El transitario tiene que ir con los ojos abiertos. Es su obligación.

· ·

DDP ESTANTERÍA

Un grupo de distribución alemán con grandes superficies en toda Europa encarga a la oficina de Shangai de mi empresa que coordine la importación de unos cochecitos de niños fabricados en China. Acuerdan precio DDP[6] a Sevilla.

Y me encuentro en Barcelona con un contenedor de una expedición que iba a Sevilla. Hablamos con el centro comercial en Sevilla:

—Tenemos un contenedor, esto va en contenedor.

· ·

[6] Siglas de la regla Incoterms *delivered duty paid* o «entrega derechos pagados».

—Sí, sí, tenemos muelles de carga a la altura del contenedor, podemos descargarlos.

Lo mandamos directo por carretera y cuando llega el conductor allá nos llama:

—Nos dice el jefe del almacén que él no pone a nadie para sacar los cochecitos. Que como mucho, me deja una elevadora y además se los tengo que poner en las estanterías de la tienda. ¡El colmo!

—Tranquilo, hombre. Tú que estás en situación, ¿qué te parece que hagamos?

Yo no quería llamar al transportista, al dueño de los camiones, porque sabía que me iba a decir «pues esto es una demora y es tanto, porque ya te he apretado en el precio...». No conocía para nada al chófer, pero resultó ser un sevillano muy trabajador:

—Ya veré yo con esta gente cómo lo arreglo.

—Pero, ¿tú lo puedes hacer?

—Sí, sí, lo puedo hacer.

—Bueno, pues cuando regreses a Barcelona, me llamas y me dices que eres el de DDP Estantería. Te llevaré a un sitio de pescadito frito de aquí.

· ·

Las múltiples piezas a encajar en un DDP son un nicho para los transitarios con experiencia, capacidad y conexiones en el mundo. Pero ante la complejidad del DDP, el exportador puede temer algún error: «El cliente no te va a llamar a ti para decirte que esto no se entregó a tiempo».

Selecciona bien a los proveedores, te llevarán al éxito o al fracaso.

· ·

INTEGRIDAD, PROTECCIÓN Y SALVAGUARDA

Zeolita de Yugoslavia

En el año 1992 se imponen sanciones a Yugoslavia en reacción al conflicto bélico en los Balcanes. La Unión Europea puso un arancel especial a todos los productos yugoslavos y con ello se nos fue al traste el negocio de importación de zeolita que habíamos iniciado dos años antes.

Al presentar los documentos al despacho en la aduana, el inspector que por turno tiene este expediente advierte que la fecha del conocimiento de embarque es posterior a la entrada en vigor de la sanción. El agente de aduana no nos notifica esta observación en el momento del despacho y, posteriormente, al recibir la documentación con el DUA,[7] vemos que hay una observación de que queda pendiente de una posible sanción a aplicar por esta razón.

....

[7] Siglas de «documento único administrativo», que se utiliza en la Unión Europea como declaración de importación y exportación, con diferentes ejemplares para distintos usos: aduana, estadística, interesado y levante de la mercancía.

Lo notifico a mi cliente y hablo con el agente que tramitó el despacho, quien me dice quién es el inspector que firma el DUA. Da la casualidad que conozco a este señor y me permití con confianza llamarle para explicarle lo que había ocurrido. Me dice «hombre, en su momento te habríamos aceptado el argumento del buque ya cargado que sale con retraso por temporal, con lo cual se podían haber paliado los dos días de diferencia entre la fecha del conocimiento de embarque y la fecha de inicio de las sanciones. Ahora ya no puedo volverme atrás con el acta, como comprenderás, después de transcurridos casi diez días del despacho, ya no puedo rectificar nada».

Cuando llega la documentación con los importes de los aranceles a pagar, mi cliente en Suiza me solicita que vea la posibilidad de hacer un recurso y me pide que consulte con un abogado. Había que hacer un recurso aquí y a Madrid y a la Dirección General de Aduanas y al Ministerio y a todo el mundo, y el abogado me cobraba una minuta altísima, con lo cual ya casi compensaba más pagar los aranceles.

En otra conversación casual con el citado inspector, le informo de que íbamos a poner un recurso pero que la minuta del abogado era excesiva, y que todo esto había sido un grave perjuicio para mi empresa. Entre ofendido y sorprendido, me contestó: «¿Y qué pretendes? ¿Qué te haga yo mismo el recurso ante la Administración?».

. . . .

La ética y la estética mantienen una estrecha relación.

. . . .

Quid pro quo

Los transitarios y las navieras siempre hemos mantenido buenas relaciones. En todas las grandes navieras yo tenía amistad con el delegado de país, el director de la línea y, sobre todo, con el responsable de tráfico, un mando intermedio con mucha capacidad de resolución.

El 24 de junio de 1980 fui a hablar con el jefe de tráfico en Barcelona de una naviera internacional.

—Oye, me tienes que dar el conocimiento de embarque lo antes posible; mi cliente tiene que ir al banco a cobrar o sus empleados llegarán a fin de mes sin nómina ni paga extra.

—Mira, bueno, dejo ir el conocimiento pero sobre todo mañana tráeme el cheque, que me juego el puesto.

Di mi palabra y la cumplí.

. . . .

Hoy los usos y procedimientos han cambiado y, con ello, las relaciones interpersonales en el plano profesional. Mas un aspecto seguimos manteniendo en este sector: Todos pertenecemos a la comunidad portuaria y sabemos quiénes somos. Tenemos un gran capital social.

. . . .

¿Una facturación más?

Tenía una línea de transporte terrestre a Holanda y encontré a un cliente —o el cliente nos encontró a nosotros, seguramente fue así— que cada semana venía con dos, tres o cuatro motos, que nos iban de perlas. Obviamente nosotros llenábamos el camión tanto como podíamos y al final dejábamos un par de metros para las motos. Llegaban a nuestro almacén dos coches, uno de ellos portaba un remolque con las motos, y nos las dejaban allí.

Pagaban bien. Seguramente si hubieran pagado mal habríamos desconfiado más. Y pagaban al contado. Cosa que ya nos tenía que haber hecho sospechar. Yo no sabía nada; desde Administración había establecido límites de crédito, pero como aquello se pagaba sin problemas, no registré nada irregular.

Hicimos varias expediciones. Venían siempre a la hora en la que yo salía a almorzar los viernes y los veía llegar. Un día pregunté:

—Oye, por cierto, este hombre, ¿qué hace con estas motos? ¿Qué es este negocio? —el instinto te dice que preguntes.

—Bueno, este hombre compra motos usadas, porque aquí mucha gente se compra una moto y después se aburre o no les gusta conducirla porque hace frío. Y en Holanda hay mucha afición a las motos y las venden allí.

Qué curioso, pensé, no se me hubiera ocurrido nunca. Quedé tranquilo porque me lo decía uno de mis directivos, que ya se lo había preguntado al cliente. Pero la fotografía que se me quedó de ellos era que no parecían empresarios.

Al cabo de un tiempo empezaron a embarcar coches. Esto me extrañó mucho más y a mí ya se me llenó la cabeza de interrogantes. Me puse en contacto con la policía:

—Mire, este caso...

—Usted prosiga.

No supe nada más. El cliente no volvió.

· ·

Es tentador decir «bueno, es una facturación como otra...».
Si una operación no la vemos clara, no seamos inocentes, el
mundo está lleno de negocios ilícitos.

· ·

EN EL JUZGADO

Una vez me encontré inmerso en un proceso penal. Yo, que siempre he intentado hacer las cosas bien. Fui al juicio, el día que me habían citado, 1 de febrero de 1992. Me preguntaron:

—¿Ha venido usted con su abogado?

—No, ¿por qué? —respondí.

—Bien, usted sabe que este es un juzgado de lo penal.

—Sí. Pero, oiga...

—No, no. Esperaremos a que venga el abogado antes de que usted declare.

Era un caso de falsificación de marcas. El destinatario había desaparecido abandonando la mercancía, y la empresa propietaria de la marca decidió ir contra mí como el intermediario que aparecía en relación a ese envío; alguien tenía que pagar los gastos de destrucción de la mercancía, como mínimo.

—Ya me puede preguntar lo que quiera porque le responderé lo mismo que le diría al abogado.

—¿Quién es su cliente? En el atestado figuran unos datos poco concretos: un tal Alberto, que le ha contratado por teléfono. La policía ha investigado el número y es un móvil de prepago. No tiene usted datos bancarios porque, según nos cuenta, el cliente le envió un mensajero a su oficina que le dio la documentación y le pagó en efectivo. ¿Sabía usted que la mercancía era de Moskuino?

Recuerdo la cara de la magistrada cuando le decía:

—Usted me pregunta por un tal Moskuino, pero no sé quién es. Me suena a un nombre ruso.

—¿Usted no sabe qué es Moskuino?

—No. Perdone, pero, ¿acaso lo tengo que saber?

—¿En serio no sabe qué es?

—Por la expresión que usted hace, debe ser un nombre conocido... ¿Es una marca?

—Pero, hombre, ¿usted dónde vive?

—En Barcelona.

· ·

Actualmente, la obligación de conocer la identidad del cliente es un principio general en cualquier actividad mercantil. Antes de la entrada en funcionamiento del OEA,[8] quizás se aceptaba una práctica más laxa. A día de hoy, el transitario se ha dotado de una política y unos procedimientos de aceptación de cliente y se obliga a hacer unas mínimas comprobaciones: nombre y apellidos; identificación fiscal; dirección y número de teléfono; entidad financiera, número de cuenta y titular de la misma; entre otras. Es parte de su gestión de riesgos.

· ·

· · · · · · · · · · · · · · · · · ·

[8] Siglas de operador económico autorizado, figura profesional que acredita a quien, en el contexto de sus operaciones aduaneras, se considera fiable en todo el territorio de la UE.

ASEGURA EL RESULTADO

Transporte y ventura

Una empresa de *trading* extranjera contrató nuestros servicios para gestionar la exportación a Marruecos de planchas de acero fabricadas en España. Mi cliente compraba la mercancía en condiciones EXW[9] y la vendía FOB, a su nombre. El flete lo pagaba el cliente en destino, por lo tanto nos decía la naviera con la que se tenía que embarcar. Realizamos varias expediciones.

En el último envío, como en los anteriores, el fabricante puso la carga en el contenedor de veinte pies. Eran unas planchas de acero grandes, que iban sobre *pallets* y con unos flejes de plástico alrededor.

Se realizó la carga en el buque. La travesía fue nefasta. Por desgracia, con el movimiento del barco, estas planchas consiguieron romper el fleje y se empezaron a deslizar dentro del contenedor, hasta el punto de que reventaron el contenedor, la puerta y los laterales, y lo seccionaron.

....

[9] Acrónimo de la regla Incoterms ex works o «franco fábrica».

Acabó la travesía y llegó el barco a destino. Cuando vieron que ese contenedor producía una situación de peligrosidad importante, el capitán del buque se negó a descargarlo. El contenedor regresó, la línea volvió a Valencia y en este puerto, con los medios seguros para descargar el contenedor, consiguieron asegurarlo y lo descargaron.

Como resultado de la pesadilla, no se realizó la entrega, el contenedor quedó dañado y la mercancía volvió a Valencia.

Y empieza la fase de quién es responsable de qué, dónde se ha producido el daño y las consabidas reclamaciones.

Lógicamente el *trader* nos reclama a nosotros, los transitarios, porque ha contratado el transporte con nosotros.

Yo digo: «Oiga, nosotros hemos gestionado el transporte por su cuenta, de acuerdo con toda la información facilitada. Hemos llevado la carga hasta el punto en que somos responsables nosotros, que es hasta el embarque de la mercancía. El embarque se ha realizado en perfecto orden y condición, como prueba el conocimiento de embarque libre de reservas. Está claro que el daño se ha producido por fuerza mayor, por un temporal, tal como recoge el *log-book*. Y nosotros no entramos a valorar si el embalaje es el adecuado o no».

La compañía naviera, a la vez, reclama por el daño en el contenedor reventado al cargador, mi cliente, que es el que aparece en el conocimiento de embarque como propietario de la mercancía. Como es una venta FOB, el responsable de la contratación del transporte marítimo y de haber asegurado la carga durante el mismo es el receptor. Pero en ese país no es costumbre contratar seguros.

Mi cliente reclama al fabricante por embalaje deficiente, a lo que este contesta que el embalaje está de acuerdo a las condiciones de venta reflejadas en su contrato con el *trader*.

Todavía estamos en los juzgados.

El *trader*, para quedar bien con su cliente, le hizo un nuevo envío de planchas y ahí acabó ese conflicto.

· ·

El transporte no es una operación infalible, está sujeto a muchos elementos que pueden producir daño, y esa posibilidad hay que tenerla en cuenta. El experto en seguros es un eslabón más de la cadena de valor en el comercio internacional.

· ·

El seguro

La oficina en Frankfurt de mi grupo transitario tenía entre sus clientes a un fabricante de coches de alta gama. Transportes de Singapore habían comprado a este fabricante los chasis y el motor para unos autobuses dobles, y otros destinados a unos autobuses anchos para las terminales de aeropuerto. La oficina en Singapore de nuestro grupo coordinaba el proyecto. Me llaman de Frankfurt:

—Oye, te voy a dar un negocio. Los de Singapore han decidido que los autobuses dobles los va a carrozar una empresa en Zaragoza. Entonces, te llegan los chasis en barco de Bremen, en Zaragoza les ponen el armazón del autobús y después hay que embarcarlos a Singapore.

Empezamos a organizarnos con el grupo maño. Para llevar los chasis a Zaragoza contamos con un transportista que se dedicaba a contratar chóferes. Llevarían los chasis y cuando estos estuvieran carrozados, los portarían ellos mismos a Barcelona. Yo en seguida pregunté:

—¿Qué pasa si estos tienen un accidente? ¿Cómo va eso? ¿Tenéis seguro?

—Sí, con Mafe.

—Vale.

Al cabo de un tiempo, me llama mi oficina de Madrid:

—Me dice la oficina de Frankfurt que los singapurenses dicen que el seguro no les cubre algo.

Nosotros, en aquel momento, trabajábamos con Alia. Al ser compañía alemana, entonces «Alia, Alia». Total, que con Alia. Mi jefe en Madrid me dice:

—Esto son dos seguros, nosotros tenemos que asegurar *all risk* de Barcelona a Singapore, con Alia. Y la carrocera, de Zaragoza a Barcelona.

—Los maños trabajan con Mafe. Contesté.

No pude dejar de ver la oportunidad de negocio. Yo tenía un buen amigo en Mafe y lo llamé.

—¿Qué prima pagan estos? ¿Y cómo sería si...?

Yo sabía que Alia pedía una prima desorbitada, no solo por el transporte, sino por todo lo que comportaba la operación. Otra vez paso por el trámite alemán:

—¡Mafe! ¡Estos hacen seguros de muertos! ¡No me fío yo de ellos! ¡Mejor Alia, Alia!

Yo sabía que era carísimo. Hablo con mi amigo de Mafe, que me pregunta si puede ir a ver a mi jefe de Madrid. Intento concertar la cita:

—¿Tiempo para estos de Mafe? Mira, si los singapurenses quieren esa prima de riesgo, ¡que la paguen!

Mientras, los de la oficina en Alemania protestaban por el coste: «¡Pero cómo van a pagar esta prima!».

Finalmente, ante esta presión, mi jefe accedió:

—Que venga este de Mafe, a ver qué quiere.

Le dio cita a las diez. A las doce me llama mi jefe desde Madrid:

—¡Qué listo eres! ¡Vaya negocio tenemos! Mafe me ha hecho una oferta por todo, global, de Zaragoza a Singapore. ¡Qué negocio! No les digas nada a los de Frankfurt.

Cuando llegaron los autobuses para aeropuertos, venían ya carrozados desde Bremen. Eran unos autobuses muy sofisticados. Unos iban al Prat y otros a Mallorca. También mandaron unos chóferes. Un servicio sensacional. Llegaron al Muelle San Beltrán. Los que iban al aeropuerto había que llevarlos por una ruta especial, por Mercabarna, con escolta y un vehículo con banderolas delante, hasta la salida del puerto con los motoristas del puerto, y a partir de ese punto, con la Policía de tráfico. Yo iba delante, con un transportista que llevaba un Wolkswagen Golf, con las banderolas. En un momento dado, miro para atrás y veo que uno de los autobuses se para en medio de la terminal de contenedores. Nos acercamos.

—¿Qué pasa?

—No lo sé, porque esto es cambio automático.

No había manera humana de que arrancara otra vez el autobús.

El de la terminal estaba furioso:

—Despejadme la calle, que estáis en medio de la terminal —solo teníamos que moverlo quinientos metros—. Traed una grúa, un enganche.

El conductor del Wolkswagen intervino:

—Espera, hombre. Saca una cuerda y ata el autobús al Wolkswagen...

—¿Pero tú piensas que...? Yo no me creía lo que pretendía ese hombre. Él no lo dudaba:

—Quítale los frenos, ponlo en punto muerto, ya verás el Wolkswagen...

Y el Wolkswagen llevó al autobús hasta Mercabarna.

· ·

Dótate de buenos recursos —financieros, técnicos y, sobre todo, humanos— para asegurar un buen resultado.

· ·

¿CUÁL ES EL *PROFIT?*

GUERRA DE PRECIOS

Cuando empezamos el transporte Cádiz-Marruecos, había partidas que cobrábamos a trece mil doscientas pesetas por importar un camión en tránsito para Francia o Alemania. Los clientes siempre iban apretando, pero bueno, nos mantuvimos bastante. Nosotros llevábamos el 80% del tráfico con Marruecos, tanto de Tánger como de Casablanca. Si el barco traía todos los días veintitrés camiones, veintiuno, veinte o diecinueve eran nuestros. Con Casablanca se repartía un poco más la cosa.

Pero empezó la guerra. La gente comenzó a tirar los precios. Y a mi despacho llega un señor con la oferta original de Algeciras, que donde nosotros cobrábamos cuatro, ellos ofrecían 1,20. Y todo por escrito. Yo tenía los números claros y dije que no entraba:

—Nosotros, como tú comprenderás, a ese precio no te lo podemos hacer. Tú has visto toda nuestra organización, conoces a nuestra gente y lo profesionales que somos. Ahora la decisión es tuya como cliente.

El cliente ya se paró a pensar. ¡Uf! Un tío que me está facturando a mí tanto, al que le estoy dando tantos camiones a la semana, y me está diciendo que no le interesa hacerlo a estos precios. Es para reflexionar.

La empresa que empezó a hacer la guerra a todo el mundo ofrecía seis mil donde nosotros cobrábamos trece mil doscientas. Contactaba con todos los clientes de los demás. Tiraba los precios.

Se presentó una oportunidad de coger un cliente suyo y un socio que yo tenía entonces —sin contar conmigo— le ofreció un precio igual, de seis mil. Como mucha gente que no piensa en el futuro, sino en el pelotazo del momento, mi socio pensó: «a ese tío vamos a hacerle la puñeta, le ofrecemos a este también seis mil y le quitamos el cliente».

Pasa un tiempo y se jubila el gerente de una empresa grande, que se busca a un hombre operativo, conocedor del sector y, casualidad, fichan al jefe de flota de aquella empresa que mi socio había quitado al que inició la guerra de precios. Se incorpora, toma posesión, empieza a ver, a estudiar los temas, los precios, los datos... Al mes y medio, este directivo nos manda un *e-mail*:

—No entiendo cómo nosotros les estamos pagando tanto por exportación y tanto por porte. Yo quiero la misma oferta que ustedes le hicieron a mi antigua empresa, que ahora es mi competencia.

—¡Cuando escupes pa' arriba, te cae encima de ti! —Le recordé a mi socio.

Tuvimos que bajar. Mantuvimos al cliente, ¡pero facturando la mitad!

. . . .

Hay que saber sopesar lo que vale un servicio.

No puedes entrar en una guerra de precios con tus colegas.

¿Por qué? Porque tú tienes unos costes fijos que todos los años suben: alquiler, nóminas, etcétera.

. . . .

MECHEROS A CANARIAS

En Canarias se importa todo —excepto plátanos, pepinos y tomates—. Hace unos años, en enero me contacta un cliente que quiere importar mecheros de China.

—Dime, por favor, cuánto cuesta traerlos y así veo si soy competitivo.

Le mando un fax con todos los datos: producto, transporte, gestión aduanera, los diferentes tipos de impuestos —porcentaje de aranceles de aduana, porcentaje del Impuesto General Indirecto Canario (IGIC), porcentaje de Arbitrio sobre las Importaciones y Entregas de Mercancías en Canarias (AIEM)— y el total de mi oferta.

En agosto me llama de nuevo el cliente:

—Ya tengo la mercancía aquí.

—¡Ah! ¿No te la iba a traer yo? Esto lo vimos en enero, ¿no?

—Al final el chino me la mandó y ya la tengo aquí para despacharla.

Le envío una nueva oferta con la comisión de despacho e impuestos. Me llama quejándose porque es el doble de lo informado ocho meses atrás.

—Si tengo que pagar estos impuestos ya no puedo vender el producto.

Me voy a la oferta del mes de enero y la revisamos:

—Sí, tiene usted razón, pero entre enero y agosto la Unión Europea, a demanda de unos fabricantes de países miembros que se han quejado de competencia desleal en este producto, ha implantado un impuesto *antidumping* a la importación de mecheros.

El importador se va a ver a la Administración para contrastar lo que yo le estaba diciendo y ver qué opciones tenía con esa mercancía.

—Sí, efectivamente, los impuestos a pagar actualmente son correctos. Le están informando a usted bien sobre el cambio y además le han investigado a usted el origen del mismo.

. . . .

El importador y exportador competitivo ofrece calidad y precio; para lo segundo, puede contar con un transitario bien informado.

. . . .

Facturación vs. Margen

Una empresa de Sevilla se presenta y me dice: «mira, yo estoy haciendo muchos despachos en Cádiz». Hablamos y llegamos a un acuerdo. Empezamos bien, por contenedor. Transcurrió un año, dos, y me dice:

—La competencia es muy fuerte, habría que hacer el precio en vez de por contenedor por DUA, y en lugar de traerte un contenedor, te traeré tres.

—Vale, bien.

Luego empezamos a darnos cuenta de que aglutinaban varias facturas sobre un solo DUA. Había que trabajar un poco más, pero tampoco era una incidencia tan grande, aunque claro, cada vez iba aumentando nuestra facturación. Iban cogiendo cada vez más trabajo y más trabajo.

Llegamos a tener en la aduana medio millón de euros de garantías. Esto tiene un coste y se cobraba al cliente un 0,5% de caución.

—Es que a este cliente no se le puede cobrar, porque la competencia no se lo cobra; a este otro un 0,3%, a este un 0,25%... —todo eran rebajas, y rebajas, y rebajas—. Mira, a este precio no, habría que bajarle un 10% sobre el precio base, y los gastos generales en vez de ser tanto tienen que ser la mitad, porque si no, nosotros no ganamos nada...

Le dije a mi jefe de contabilidad:

—Cógete todos los expedientes y todas las facturas y hazme un estudio de qué nos está costando este cliente. Tenemos que adelantar los pagos de las garantías para despachar los *containers* que han llegado ayer. Y siempre con prisas, adelantando dinero y te vas descapitalizando y tienes que tener líneas de crédito. Vamos a ver esto bien.

Hicimos un estudio: rebajas al céntimo, fecha de financiación (si hay), garantías en la aduana... y perdíamos en cada expediente un 4,63% de promedio.

Tú lo ves en volumen y está muy bien, porque tú lo metes con todo lo demás y se ganaba dinero. Pero se trabajaba muchísimo y todo lo que venía era con prisas, había que pasarlo en media hora y abandonar a los demás clientes; y yo tenía a mi gente estresada porque además las formas tampoco eran todo lo educadas que deben de ser. Él vapuleaba a mi directora y ella vapuleaba a todos los demás.

Lo llamé:

—Mira, vamos a reunirnos para hablar de varios temas y luego ya comemos juntos.

Venía con su hijo y yo también tenía a mi hijo conmigo.

—Quería decirte que a partir del día 1 de julio no os vamos a trabajar más.

—¿Cómo?

—No vamos a seguir. También te digo que no os vamos a dejar tirados. Tú te buscas otro despachante y te arreglas. Como tú veas, con quien quieras y como quieras. Y si el 1 de julio no has encontrado a nadie, te seguiremos despachando hasta agosto o septiembre, pero que sepas que ahí finaliza la relación comercial.

—Pero...

—Mira, estas son las cuentas. Tampoco las formas son como tienen que ser. Es un tema financiero, cada vez pagáis más tarde. Los plazos a treinta días los alargasteis a cuarenta y cinco, y después a sesenta. Aquí hay facturas que han pasado los cien días.

Les dejamos de trabajar. Fue una liberación para mi empresa y para mi personal. Se ajustó la gente a las horas y las finanzas a lo que había. Era un 43 % del total de expedientes que despachábamos. Pero la facturación no era margen. El margen lo hacíamos en el 57 % restante. Además, había momentos en los que estábamos abandonando a un buen cliente por atender a un cliente pejiguera y barato. Eso, a la larga, te puede hundir.

· ·

A veces tenemos tanto trabajo que no vemos a dónde nos llevan las dinámicas.

Nuestro éxito siempre ha sido el boca a boca. Damos un buen servicio desde el primer momento a un precio razonable. Pero siempre obteniendo un beneficio razonable, que me cubra los márgenes que necesito para que la empresa sea rentable, y pagar a todo el mundo como Dios manda, todo el mundo dado de alta en la Seguridad Social, todo el mundo cobrando sus horas, sus gratificaciones y recibiendo formación. Pero para eso tienes que tener el criterio de no volverte loco. Hay que saber decir: «Aquí no le gano el beneficio que yo entiendo que debo sacar por el personal que dedico a esto y los riesgos que tengo; no me interesa».

Dicho esto, para entrar tiene que ser a base de romper un poco el mercado, porque si no te conocen, nadie va a arriesgar en igualdad de condiciones.

· ·

LA EJECUCIÓN

CONOCE EL TERRITORIO

Pasarelas a Yidda

El año en que me nombraron responsable del área para África y Oriente Medio coincidió que la reunión anual de empresa se celebraba en Dubai. Un día antes de salir, me llama una transitaria belga con oficina en Dubai y, en un inglés perfecto, me dice:

—Estamos ofertando *Exworks* a Yidda para unas pasarelas de aeropuerto fabricadas en Mieres.

—Si te parece, nos podemos ver mañana, porque llegaré a Dubai. Ella se quedó gratamente sorprendida.

Me lo preparé.

Allí trabajan sábado y domingo. Llegué en sábado y me puse en contacto con ella de inmediato. Dos guardaespaldas me vinieron a buscar y me condujeron al despacho. Estuvimos revisando las cotizaciones y servicios que les ofrecíamos. Quedaron en que ya me dirían algo. Mostré interés en hacer un breve *tour* por las terminales y me acompañaron. Fueron tan amables que del puerto me llevaron a un safari de vegetación por las dunas.

De vuelta, mientras conectaba en el aeropuerto de Londres, llamé a mi oficina para decir «mañana ya estoy ahí». Y me anuncian: «¿Sabes que has cerrado el contrato? Tu amiga belga ha confirmado que lo va a embarcar con nosotros».

··

No solo los números hacen el negocio. La infraestructura y los agentes son parte de la ecuación. Busca tener una visión completa.

Un servicio cercano y personalizado no tiene sustituto, como tampoco lo tiene la pasión por este trabajo.

··

Dime qué problema tienes

Nos habían contratado para asesorar en materia de importaciones. Mi interlocutor era el director de compras, quien me expuso que, al centralizar las compras a nivel de grupo, habían emergido algunos retos. Uno de ellos era que muchísimas personas, de diferentes departamentos, interactuaban con el comercio internacional, y eso había que ordenarlo. Estudiamos la empresa, sus negocios, sus operaciones, y pedí hablar con los que serían usuarios de la solución.

La central de costes se volvía loca porque desde los diferentes departamentos se iba contratando transporte, no había un procedimiento armonizado, no controlaban los costes de importación, no sabían dónde estaban los DUA...

El departamento de ingeniería estaba incómodo con las operaciones de comercio exterior:

—Aquí hemos vendido el proyecto por sesenta millones de euros, hacemos el proyecto y cuando se cierra me vienen unas facturas que no se habían tenido en cuenta y, la verdad, no domino esos conceptos que me facturan. Son gastos de transporte, de aduanas, de aranceles, etcétera, de unas mercancías que vienen de importación. Me da igual qué transitario —lo dejé pasar...—, me da igual los costes, me da igual lo que se tenga que pagar; ponme una solución, porque es tiempo que yo, que soy ingeniero, ni se lo quiero dedicar, ni puedo. Por favor, hazme la vida fácil, estos son proyectos de por sí complejos.

Creamos un procedimiento para que todos los departamentos involucrados tuvieran una pauta de «cómo actuar cuando tengo que pasar frontera». Era algo muy fácil para que identificaran que eso ya es comercio internacional, transitario, agente de aduanas, etcétera. Al fin y al cabo, ellos se dedicaban cada uno a lo suyo y esos otros temas les resultaban farragosos. También creamos una tabla, una simple hoja de cálculo, para los costes.

Me senté con ingeniería:

—¿Con qué parámetros te manejas?

—Yo me muevo con moldes.

—Vale, los moldes más o menos tienen estas medidas, tienen este valor y pueden tener esta partida arancelaria. Cuando estemos creando un proyecto con un molde, ya sabemos que al coste le sumo un 20% para cubrir los gastos de transporte, aduanas, aranceles, etcétera, y cuando se cierre el proyecto ya se habrá tenido en cuenta esta parte de costes.

....

Aplica la filosofía del traje a medida, que no se caracteriza por precio.

La manera de facturar más es buscar servicios de valor añadido que hacen más fácil la vida al cliente.

....

Helados a Rusia

Tras las olimpiadas de 1992, estábamos de moda en todo el mundo. Los rusos nos compraban helados. Poca gente sabe que los rusos eran los principales consumidores de helados, al menos entonces. La carga iba de Zaragoza a Moscú por camión. En esos años Rusia era un territorio complicado. La presencia de mafias era impresionante. Te podías encontrar a hombres en abrigo negro de piel, con documentaciones falsas, y si te robaban el camión no podías hacer nada, te ordenaban bajarte del camión y se lo llevaban todo. Los conductores, entre ellos, se avisaban cuando había algo feo por las radios de los camiones. Cualquier incidencia en el transporte de helados era grave, porque si se paraba el motor, perdías la mercancía.

Una vez enviamos a Moscú dos camiones juntos, cada uno de una empresa diferente. Llegaron el sábado por la noche, para descargar el lunes por la mañana. Pero ese lunes era festivo en Moscú. El martes me llaman para informar de que ha habido un tiroteo con los chóferes de los camiones de los helados. Parece que se fueron a un bar, uno de ellos se peleó con alguien y el chófer, que llevaba pistola por si tenía que defenderse en algún asalto, la sacó y disparó a la pierna del oponente. El chófer estaba en prisión.

—¿Y los helados? ¿Se han derretido? —pregunté.

No le ocurrió nada a la mercancía porque el otro chófer se quedó vigilando los camiones, avisó a la empresa del compañero de viaje, que envió a otro chófer por avión, y los camiones se pudieron descargar en destino.

··

Ir a territorios en conflicto es caro. Lo atractivo del precio puede ser una trampa.
Los conductores se exponen a no pocos riesgos por hacer su trabajo.

··

VICIOS OCULTOS

Los caracoles

Antes de las ampliaciones de terminales, había muy poco espacio en los muelles del puerto de Barcelona. Tampoco había *depot* en el área de la Zona Franca. Llegó un momento en que ya no se sabía dónde poner los contenedores. En esta situación, las navieras, a través de sus consignatarios, alquilaban a los payeses las tierras de labor cercanas al puerto y podías ver contenedores en los huertos.

Éramos los transitarios de la principal papelera del país. En una de las muchas operaciones de exportación, mandamos unos contenedores a la fábrica para cargar bobinas de papel para Estados Unidos. A las tres semanas, el agente que teníamos en el puerto de destino nos comunica:

—El departamento de sanidad de Estados Unidos ha detenido dos de los seis contenedores. Ponen una multa impresionante. Y hay que destruirlos por cuestiones de sanidad, porque esos contenedores están llenos de caracoles.

Los contenedores tienen piso de madera, aunque vayan hierros por debajo. Puestos sobre un huerto... Entre la tierra, los caracoles se reprodujeron, quedando las larvas en los contenedores, invisibles. En el transcurso del viaje, nació una cantidad enorme de caracolillos en los contenedores y estos crecieron comiendo papel.

Un lío del demonio. El departamento de sanidad americano destruyó el papel y nos pasó la factura por los costes de incineración. Estando muy encima del teléfono, logramos evitar la sanción, tanto al importador como al exportador. Aunque los de sanidad al principio ponían una sanción fenomenal, por riesgo de causar una plaga en el país, afortunadamente el interlocutor era italiano, hablamos y nos entendió. También la naviera intervino para suavizar el tema.

Nadie quería pagar. La papelera nos decía:

—Traslada el coste a la naviera que te dio un contenedor que no estaba en condiciones.

La naviera, por su parte:

—El transportista que recogió el contenedor lo nombraste tú y él tenía que revisar si el contenedor estaba limpio o no.

Yo, a mi cliente:

—Vosotros sois muy cuidadosos cuando cargáis bobinas de papel y normalmente cubrís el contenedor con papel *kraft* y ponéis las bobinas encima, pero esta vez no.

Al final, nuestro cliente tuvo que pagar unos miles de dólares por destruir la mercancía. La naviera se hizo cargo del transporte desde el puerto hasta la incineradora y vuelta al puerto. Nuestro cliente también tuvo que volver a fabricar y enviar el papel a su cliente. Mi empresa no sufrió costes, al contrario, ganamos porque embarcamos los contenedores de nuevo y cobramos el flete de los dos envíos.

No podíamos volver a exponernos, así que a raíz del incidente reforzamos el protocolo de revisión del estado del contenedor y aceptación o rechazo del mismo.

Aunque, ¿quién podría haber visto las larvas de caracol?

· ·

Este negocio está basado en un cierto grado de confianza en que cada cual cumplirá diligentemente su parte.
Pero siempre alguien, por acción o por omisión, te mete en un follón.

· ·

Fibra textil

En abril de 1983 estalló en mi despacho un conflicto con una empresa en Filipinas a la que mandaba contenedores de fibra textil. El producto se vendía al peso.

Un día me llega a mí, como empresa transitaria, una reclamación de los importadores, que nos habían identificado por figurar como cargador en el conocimiento de embarque. Nos decían que habíamos engañado en los pesos. ¡Cómo! Yo pongo los pesos que me dice mi cliente, el exportador, no me los invento. Uno de los documentos que se requerían era el certificado de «pesadores oficiales». Cuando el transportista iba a cargar la mercancía, primero pesaba el camión con el *container*, hecho corroborado por un *ticket* de peso; proseguía al almacén y cargaba; volvía al recinto portuario y esa misma matrícula llegaba otra vez a la báscula, pesaba y se calculaba el peso oficial restando la tara. Y sobre la base de esas certificaciones del organismo de Pesadores Oficiales del Estado, con su membrete, se facturaba.

Y nos viene la reclamación. Recibimos un fax muy duro acusándonos de falsificación en el documento de transporte, que no se ajustaba a los pesos registrados. Inmediatamente se lo comuniqué a mi cliente, el exportador, que me respondió:

—Pregúntale dónde ha pesado, porque si ha pesado en un chiringuito...

—No, no, —repliqué—. Yo a este señor le voy a contestar que nosotros hicimos un documento de acuerdo a tu factura y a tus pesos. Y esa pregunta que se la haga al agente, que le pregunte dónde pesó y que le demuestre la diferencia.

Decidí visitar el almacén y hablé con el encargado. Todo en orden. Ya me iba cuando un operario me acompañó al coche haciendo útil mi visita: allí se mojaba la mercancía para que pesara más y el encargado lograra el *bonus* de productividad.

Por un retraso enorme que tuvo un barco, la mercancía se había secado mucho más de lo habitual y el control de pesos en destino reveló la mayúscula discrepancia con el conocimiento de embarque. ¡Hasta dos toneladas de diferencia se encontraron en algún contenedor!

Tras mis hallazgos, mi cliente empezó a visitar los almacenes con más asiduidad.

....

Hay situaciones en que solo puedes ponerte a investigar, sin caer en defender a nadie, porque entonces pierdes la posición neutral y aséptica tan útil ante la oscuridad.
Un robo va más allá de la pérdida de mercancía. El impacto en el cliente y la desconfianza que generan exigen analizar las operaciones para encontrar las incidencias hasta la raíz, y a partir de ahí definir actuaciones de prevención y control.

....

ERRORES POR ACCIÓN O POR OMISIÓN

Óxido de hierro rojo micronizado

El óxido de hierro rojo micronizado es un pigmento para la coloración de morteros y hormigón. Todos los meses embarcábamos uno o dos contenedores desde Cádiz hasta Los Ángeles. Por el tema de coste, el exportador traía el óxido en sacos de plástico en un *pallet* y se cargaban a los contenedores en el puerto. Hubo un fallo por mi parte —que era el jefe de operaciones—, del compañero capataz, del chaval ayudante y del estibador.

Había dos contenedores en el muelle. Se le dijo al capataz: «ese»; sobreentendiendo que se señalaba el contenedor que normalmente cargábamos. Pero por error el capataz en lugar de cargar los sacos en el nuestro, los cargó en el otro. Se manda al chico a precintar, el chico no abre para comprobar que todo está bien y precinta con la puerta cerrada. Llega el barco, se coge el contenedor con una máquina para llevarlo al costado del buque, aquí se cargaba con grúa móvil, porque no era un barco de contenedores, sino mixto. Y ni el personal de la máquina, ni el de la grúa, ni el personal de a bordo: nadie se dio cuenta de que ese contenedor no pesaba. La máquina Caterpillar tenía un peso y te detectaba el peso, el conductor no lo detectó. Y se fue un contenedor vacío para Los Ángeles.

A las dos semanas, el propietario del otro contenedor nos llama:

—Oye, hemos ido a cargar el contenedor y hemos visto que ya está cargado con un producto que solo cargas tú, sacos de óxido rojo.

—¿Cómo? —Yo ya me puse en guardia—. Pero, ¿qué contenedor es?

—El contenedor tal.

Analizando *a posteriori*, vimos que fue una cadena de errores, de todo el mundo. Nadie cayó en que debíamos haber abierto el contenedor para comprobar que estaba todo conforme y solo entonces cerrar; la aduana se hizo como siempre, no era un producto que se tuviera que inspeccionar; el capataz se equivocó al meter los sacos en el otro contenedor y no en «ese»; el de la máquina, el de la grúa y el de a bordo no se percataron de que el contenedor iba vacío. Ya es difícil, pues por el sonido de cómo cae el *container*, al hacer «plom», tú ya sabes si el *container* está vacío o no. Pues nadie, nadie, nadie se percató de aquello.

Imagínate el disgusto. Informé de inmediato a mi compañía. Llamé y se lo comuniqué al director. Mi director llamó al director de la compañía en Europa. Este cogió un rebote... Estuve en todo momento en línea con mi director.

—Oye, si el fallo es atribuible a mí como responsable directo de la operativa yo estoy dispuesto a asumir los costes del flete, del falso flete, lo que haga falta. Reconozco que ha habido un fallo y no voy a culpar a nadie ni a quitarme responsabilidades.

—Bueno, pásame un informe escrito para enviarlo a Estados Unidos.

En el informe detallaba lo que había pasado y que nos hacíamos cargo. Se había entregado el conocimiento de embarque, por lo que aquello tenía más connotaciones... Nunca nos cobraron falso flete ni nada.

—Solucionen ustedes el problema como sea. Busquen otro contenedor. Prepárenlo. Embárquenlo en el siguiente barco.

De todas estas anécdotas aprende uno a ser más responsable y por supuesto a dar la cara siempre que hay un fallo. Hay un error, pues hay un error y se responde.

Lo más importante es ir siempre con la verdad. Porque si tú vas con una mentira y empiezas a intentar engañar... al final se sabe la verdad y ya no confían en ti.

Aceitunas a EEUU

En una línea de Estados Unidos nosotros cargábamos contenedores de cuarenta pies con aceitunas. Por un fallo de alguien se trajo un contenedor por la noche y se quedó sin precintar o sin poner el candado. Al día siguiente, que era fiesta, había desaparecido medio contenedor. Veinte mil o veintidós mil kilos de aceitunas que se llevaron en un camión o en una furgoneta pequeña en no menos de tres viajes. Presentamos la denuncia a la Guardia Civil, que examinó todo lo ocurrido y nos dijo que eso no era un robo, sino un hurto, porque el contenedor no estaba ni debidamente custodiado ni precintado.

··

El hurto es más grave que el robo, porque además de perder la mercancía no puedes reclamar al seguro.
Los fallos en el precinto de los contenedores han generado mil historias para no dormir, tanto de sustracciones como de inclusiones; esto último puede ser peor...

··

Mercancía perdida

Uno de mis clientes era una empresa de gran distribución. Importaba treinta o cuarenta contenedores y siempre negociaba el precio. Yo les decía: «hombre, si yo ya lo entiendo, entre dos opciones iguales compro la más barata, sin son iguales».

Un día me llama y me cita en Madrid para asesorarles sobre una expedición que no había llevado mi empresa. «Tenemos un problema». Me enseña un B/L. Era un conocimiento de embarque, con todas las características propias de este documento, pero emitido por una empresa inexistente, que tenía toda la apariencia de una compañía, pero que era inexistente.

—En este envío hemos pagado la mercancía y ha desaparecido.

Mi cliente había abierto un crédito documentario y contra un B/L el otro había cobrado. Pero detrás de ese B/L no había naviera. Perdieron cientos de miles de euros de mercancía que no sabemos a dónde fue a parar. Alguien se la quedó en el país en el que la descargaron.

—¿Quién te ha pasado esta oferta?

—Un transitario...

Aunque todo parezca ser regular, no todo lo es. ¿Quién autentifica al profesional del no profesional? ¿El mercado? Las acreditaciones y certificaciones del sector son importantes.

Si solo sabes entender precio, puedes acabar perdiendo el sentido común.

En Zimbabwe

Una joven con experiencia en *marketing* y compras en una organización importadora me contó su primer caso de exportación, una historia con un grado de introspección. Trabajaba en una gran organización de desarrollo internacional implicada en apoyar y facilitar el acceso al mercado a organizaciones de pequeños productores. Tras cuatro años en la central de compras en Gran Bretaña, se encontró en el lado exportador, trabajando en una asociación de artesanas de Zimbabwe con gran reconocimiento en el mercado local, pero sin experiencia en el comercio internacional. Lograron su primer gran pedido: cuatrocientas ollas de barro artesanal para la colección de decoración étnica de una cadena de tiendas en Gran Bretaña. Su aparente desventaja, la falta de experiencia en producir ese volumen con requerimientos específicos del importador, las llevó a apostar por ejercer supervisión y control en toda la producción, durante todo el tiempo, y para cada una de las ollas de barro que se enviarían al cliente. La carencia fue fortaleza y finalizaron la producción en forma y plazo. Las condiciones eran ExWorks Masvingo y a esta ciudad llegó un camión que se cargó con las cuatrocientas ollas de barro artesanal de Zimbabwe con destino a Cape Town para embarcar a Felixstowe.

A las tres semanas, llega un fax con nefastas noticias: las ollas de barro ya estaban en el almacén del comprador, la mitad de ellas rotas. Las dificultades ocurren y a menudo son el motor de algo poderoso. La asociación de artesanas de Zimbabwe, en su afán por cumplir profesionalmente, volvió a producir las doscientas ollas de barro igualmente bellas que las que se habían perdido, a coste cero para la organización compradora, con quien se acordó que los gastos de embalaje —esta vez excesivo— y de transporte correrían por cuenta del importador. Cada una de las partes tuvo el compromiso, o tal vez sintió la obligación, de hacerlo así. Nadie exigió responsabilidad al transitario, por lo que, sin más comentario, pasó dos facturas.

Hoy la asociación cuenta con una controladora de exportaciones, Rita, que con la simpatía de los shona y su gusto por conversar, gestiona el embalaje, la logística y la relación con el transitario. El sol y las jacarandas decoran las avenidas de Masvingo.

La agenda global de desarrollo recogida en los Objetivos de Desarrollo Sostenible (ODS) de las Naciones Unidas (ONU) en su texto final asigna gran importancia a la creación de capacidad relacionada con el comercio, para promover la integración económica y la interconectividad regionales. Esta agenda tiene en el sector logístico una fuente de contribución de conocimiento y acción que puede ayudar a establecer medidas concretas para avanzar en la mejora de la eficiencia en el comercio internacional, la reducción de costes logísticos y la creación de empleo cualificado.

DAR SOLUCIONES

La visión a pie de muelle

Embarcamos con una línea especializada en material rodante cuyo *leit motiv* es «Cargamos todo lo que rueda».

Me llaman desde el muelle:

—Las medidas que has dado miden solamente lo que es la carcasa del vehículo.

—Abate los espejos laterales y verás que mide menos.

—Eso lo hacemos siempre.

Mandé a un empleado a la terminal, que regresó un poco frustrado:

—Quité los espejos retrovisores y los guardé dentro, así las medidas quedaban según el *packing list*. Pero la terminal se negó a cargar esa unidad porque no tenía visibilidad para conducirlo hasta la bodega del barco. Tuve que volver a colocar los espejos para poder embarcar. Nos pasarán el incremento.

....

Se buscan soluciones para intentar minimizar todo lo posible el coste, pero hay que tener en cuenta también la seguridad.
A pie de muelle se ve la operación desde otra perspectiva.

....

Cuente ahora las gacelas

En Hannover hay un zoo importante, con una división especializada en la crianza y comercialización de animales salvajes vivos. En 1980 esta empresa montó una franquicia en Baleares, dirigida por un veterinario alemán. Me dijo que el clima de aquí favorece mucho la procreación de según qué especies. En la primera expedición que gestionamos para él, enviaban un camión con gacelas pequeñitas, de tres meses, a Alemania.

El camión iba en *ferry* del puerto de Palma al de Barcelona y desde ahí seguía por carretera hasta Hannover. Las gacelas viajaban en un camión alemán muy acondicionado, toldos con respiraderos, cubetas para el agua, etcétera.

La gestión de aduana, puesto que todavía no estábamos en la Unión Europea, iba así: se hacía el despacho de aduana directamente en Palma. El veterinario de la Aduana de Palma exigía un certificado que debía acompañar el transporte de animales vivos. Este certificado lo refrendaba el veterinario de la Aduana de Barcelona, actuando como extensión de La Jonquera, que era frontera última y no tenía inspección veterinaria. Así, el camión no tenía trámites en La Jonquera.

Llegamos a la Aduana de Barcelona. Yo era el interlocutor y me acompañaban el chófer del camión, un alemán, y su ayudante, un italiano simpático. El veterinario de la aduana nos pide el certificado de la Aduana de Palma. Y prosigue con la inspección:

—¿Cuántas gacelas vienen? ¿Qué edad tienen? ¡Oye! El veterinario de Palma no ha puesto cuántas gacelas vienen. Ni si son hembras o machos.

—Bueno, espere, esto lo pone en el CMR[10] —dije.

Voy a ver al chófer para que me deje el CMR. Su ayudante italiano me dice que llevamos cinco gacelas más que las que figuran en el CMR, de quince a veinte.

—Vamos a contar las gacelas. —El veterinario seguía según procedimiento.

Por una rejilla del camión, el veterinario intentaba contar las gacelas. Unas estaban tumbadas, otras de pie. Y de repente, el italiano coge un martillo y empieza a dar golpes a un lado del camión. Y las gacelas saltando como locas de un lado a otro.

—Que las cuente ahora...

El veterinario, mareado ya, claudicó:

—Vamos a darlo por bueno.

Cuando le expliqué a mi cliente la incidencia, que nos podía haber costado que pararan el camión más una multa y que no llegó a nada por el ingenio del italiano, el veterinario alemán me contestó que había dos o tres gacelas que eran muy difíciles

____

[10] La carta de porte CMR es el documento mediante el que se formaliza el contrato de transporte de mercancías internacional por carretera. Un ejemplar viaja con la mercancía en el vehículo porteador.

de coger pero a última hora por fin lo lograron y las metieron en el camión... Como la instalación de Mallorca era de la misma empresa que el zoo de Hanover, no había engaño comercial.

La logística tiene un imprescindible componente humano, de creatividad y relaciones.
La ausencia o defecto en la información aportada por el cliente es la principal causa de errores en la gestión documental.

LO FÁCIL ES DECIR «NO»

Para un proyecto de carga especializada, buscamos una naviera experta en grandes dimensiones y con los equipos para mover estas máquinas. Embarcábamos una pieza de seis metros y medio. Los barcos tenían siete metros de ancho para pasar. Tenía que ir sobre un *mafi* de cuarenta pies, pero en el momento en que entraba al barco, la diagonal no daba para girar. Era imposible con un cuarenta pies. El técnico de la línea, responsable de calidad, decía que entrar eso no era posible.

Se me ocurrió sugerir: «¿Por qué no con un *mafi* de veinte pies?». Nadie se creía que iba a ser posible, pero la responsable de la línea llamó a su central y logró arrancar un «pruébalo» de operaciones. Tiramos para adelante y, por un centímetro, la pieza entró al barco.

· ·

Lo fácil es decir «no». Pero hay que luchar por todo.
Es preferible aplicar ideas probadas y demostradas, que tie-
nen pocas probabilidades de fracaso. Aunque a veces hay
que buscar soluciones por donde sea.

· ·

CUANDO TODO ESTÁ POR HACER

En la década de 1970 las empresas españolas, que operaban principalmente en el ámbito nacional, crecen e inician una fase exportadora. Los comerciales eran entonces la élite. La logística era la gran desconocida.

Empezamos a embarcar contenedores para una empresa de La Rioja. Mirando los números, realmente era muy caro, los cálculos no salían. La mercancía iba en *pallets* de 1,35 metros de altura, los cuales, en su momento, se habían diseñado para el transporte terrestre nacional, para aprovechar al máximo el peso y el espacio de los camiones; pero ahora, al querer remontarlos en transporte marítimo, no entraban en los contenedores, con lo cual teníamos que poner una sola bobina por contenedor de cuarenta pies.

Nos pusimos a estudiar alternativas con el jefe de almacén y el director de la fábrica.

—¿Esto por qué va así?

—Esto cumple con la normativa de embalaje de la empresa. Está todo documentado.

—¿Y no los podemos hacer de 1,10 metros?

—Sí. Más bajos. Podemos hacerlos de la medida que queramos.

—Lo único que tenemos que hacer es normalizarlos, hacer la norma interna.

Así lo hicimos y redujimos los fletes de forma importante. Simplemente, nadie se había puesto a reflexionar sobre la altura real de los contenedores o los pesos, y se estaba trabajando de una forma continua y cotidiana de acuerdo a la regla porque «siempre se ha hecho así y así lo reflejan la documentación y la normativa».

· ·

Los cambios traen nuevas perspectivas. Las adaptaciones tecnológicas hacen posible dar pasos gigantes. Tanto en los buenos como en los malos tiempos, no hay coste mayor que dejar de evolucionar con el mercado.

· ·

COMUNICACIÓN, COMUNICACIÓN, COMUNICACIÓN

SUMA A TODO EL MUNDO A TU EQUIPO

Capaces de crear un servicio

El transitario y otros actores nos encontramos participando en iniciativas colaborativas, buscando posibilidades de nuevos proyectos. La creación de nuevos servicios es un reto en el que estamos permanentemente trabajando, analizando, proyectando, buscando apoyos y sinergias. Vas estableciendo relaciones, que vas estrechando con determinados agentes, y cuando ya empiezas a ver que hay coincidencia en muchos puntos de interés, empiezas a intentar poner todo eso en común y ver qué se puede hacer con toda la fuerza que va en la misma dirección. Y acabas encontrándote el «Y, ¿por qué no...?».

De la mano de un corresponsal belga con el que estábamos funcionando muy bien y teníamos afinidad con la carga frigorífica, decidimos crear un servicio propio de grupaje marítimo a Singapore para exportadores que necesitan mandar un *pallet* en frigorífico sin la urgencia del tiempo.

Nos planteamos: «¿por qué no consolidamos en Rotterdam? Hacemos que otros agentes consoliden la mercancía en Rotterdam. ¿Qué problemas tendríamos? Todos tenemos maneras de llevar un *pallet* frigorífico a Rotterdam. Tenemos un corresponsal en Singapore que es común para dos o tres agentes, ¿por qué no trabajamos con él?». Involucramos a más gente y, aprovechando una feria en Colonia, nos reunimos con el agente de Singapore; fue una reunión de arranque.

Pero sí se planteaba un hándicap desde el punto de vista sanitario. Porque la mercancía que sale de cada país en exportación y con producto perecedero y de origen animal tiene que ir acompañada de unos certificados sanitarios que normalmente cubren desde el punto de origen hasta el punto de destino. El propio agente en Rotterdam investigó el tema con el puerto y los servicios fitosanitarios y nos explicó perfectamente cómo funcionaba esto: las autoridades sanitarias de Rotterdam podían emitir un certificado desde Rotterdam hasta Singapore, que cubría la mercancía y que era totalmente válido ante las autoridades sanitarias en Singapore. Conseguimos que el consolidado se hiciera en Rotterdam y toda la documentación desde el punto de vista sanitario se pudiera gestionar desde ese puerto; ahí resolvimos el problema, la parte técnica más compleja, que era el aspecto documental.

Y esto acaba al final en un proyecto de consolidación de un servicio basándonos en la colaboración de una serie de agentes.

Para exportar hay que ir a la feria y alguien tendrá que vender su producto allí, pero cuando ese producto lo tiene que poner en destino, es cuando el transitario es fundamental para hacerlo de la manera más competitiva, ágil y mejor.

El transitario es un actor muy dinámico en la construcción de relaciones de partenariado, buscando mantenerse competitivo y en constante desarrollo.

EL MARISCO TIENE QUE LLEGAR VIVO

—Si cuando el marisco me llega al restaurante no mueve las patitas, tenemos un problema. Que se mueva. Es una exigencia.

Al otro lado del teléfono tenía a un nuevo cliente, un grupo de restauración en Indonesia.

Barcelona-Jakarta en veinticuatro horas. Todo el equipo aéreo se volcó en intentar organizar una logística acotada por todas partes.

Coordinamos el primer tramo: el producto llegaba del mercado central al aeropuerto, directo a nuestro almacén, se pesaba, se llevaba a terminal, pasaba el control veterinario, se despachaba de aduana, listo.

Tenía tres compañías aéreas con buenas opciones de frecuencia y horarios de salida de vuelos. Dos de ellas tenían unos protocolos de conexiones que me obligaban a tener la mercancía nueve horas en escala antes de hacer transbordo. Ahí mis bichitos se morían. Intenté por activa y por pasiva encontrar una alternativa:

—Decidme con quién tengo que hablar para que mis bichitos conecten antes...

Encaré la negociación con otra compañía aérea con mayor flexibilidad. Me montaron toda la logística de cuidados: cuando la mercancía llegaba al aeropuerto de escala, me la llevaban a una terminal diferente y me conectaban en apenas unas horas. Un vuelo de solo pasaje me lo pusieron de carga. Así podría hacer volar el marisco el jueves y el viernes se entregaría en los restaurantes, listo para el fin de semana. Sobre el papel, todo cuadraba.

Hicimos una prueba de viabilidad. La operación se me quedaba colgada por la inspección veterinaria. El horario era justísimo, si no pasaba la inspección a una hora determinada se me quedaba la carga ahí hasta el día siguiente.

—¡Esto no! ¡He organizado todo! ¡Ahora no voy a perder la carga por burocracia!

Tenemos oficinas en el mismo aeropuerto. Bajé a hablar con el veterinario. Vino también el representante del cliente. Llamamos a su puerta:

—Mire, este tráfico se estaba llevando desde otro país europeo. Nos han dado la oportunidad de que el marisco se compre aquí. Pero o lo exportamos entre todos o no va.

Y sí fue. Con el inspector veterinario de la aduana creamos un procedimiento especial.

Conseguimos que el marisco llegara vivo y puntual, semana tras semana.

. . . .

La aduana y los servicios para-aduaneros están integrados en la cadena logística que hace posible el comercio exterior. Es imprescindible su cooperación para lograr la máxima eficiencia del proceso de entrada y salida de mercancías por las fronteras. El equilibrio entre el control que ejercen y la facilitación y simplificación que se necesita para lograr una mayor agilidad es factor de competitividad de las economías. La buena comunicación busca y construye en común la forma de que todos podamos trabajar y ser en conjunto lo más eficientes posible.

. . . .

CLIENTE IDENTIFICADO

Un importador recibió las facturas por los servicios de un transitario en relación a unos contenedores que habían llegado con destino a su empresa. Pero en realidad ni los contenedores habían llegado a la empresa ni el empresario reconocía haber contratado con el transitario que le facturaba. El empresario se puso en contacto con quien era su transitario de verdad.

—Oye, me han llegado unas facturas de un transitario con el que yo no opero ni conozco pero me reclama unos gastos por unos contenedores de los que yo no tengo noticia. Será un error o no entiendo nada.

Este transitario se puso en contacto con el que figuraba en las facturas.

—Oye, le estás mandando unas facturas a mi cliente por unos servicios que no le corresponden. Esta empresa opera conmigo. ¿Tú con quien estás operando?

—Pues yo tengo aquí todos los datos de alguien que quizá se habrá hecho pasar por tu cliente.

El transitario del empresario, al ver que era una operación irregular con suplantación de identidad, fue a Vigilancia Aduanera a contar el caso. Los funcionarios entendieron que todo parecía indicar que detrás podía haber una operación de contrabando.

Gracias a que el transitario había identificado perfectamente quién era el cliente, había hecho copia del DNI, tenía sus teléfonos de contacto y los datos de la entidad financiera desde la que se hacían los pagos, Vigilancia Aduanera abrió una investigación.

A los pocos meses, esta investigación se cruza con otra que lleva otro cuerpo policial. Mientras debatían si debían investigar de manera conjunta o no, el cuerpo de policía, que ya tenía en curso una intervención telefónica, escuchó que el cliente que quería traer la mercancía ilícita hablaba con el transitario, quien le pidió el B/L, las facturas y el resto de la documentación, porque la estaba pidiendo la aduana. Creyeron que la persona que estaba hablando con el investigado también era parte de la organización y que estaba pidiendo papeles para engañar a la aduana.

Afortunadamente, desde este cuerpo policial llamaron a Vigilancia Aduanera, desde donde se les explicó que el transitario estaba haciendo su labor de intermediario ante la aduana, y que además ese transitario había puesto en conocimiento la posible suplantación de identidad y había facilitado los datos que les permitió abrir su investigación.

Los dos cuerpos de seguridad siguieron con la investigación de manera conjunta. Hicieron una serie de controles y el caso acabó en la vía judicial por contrabando de tabaco.

En relación al transitario, Vigilancia Aduanera consiguió demostrar ante el otro cuerpo policial que este transitario no formaba parte de ninguna organización criminal, pues él había puesto en conocimiento suyo esta operación y además había cumplido con los requisitos de una buena política de conocimiento de cliente —actualmente ya una exigencia para ser operador económico autorizado.

No obstante, el importador, cuya identidad había sido suplantada, al aparecer como destinatario de los bienes, sin su conocimiento quedó identificado en el sistema como destinatario sospechoso —el Departamento de Aduanas se caracteriza por que el sistema informático registra aquellos actores que han tenido alguna irregularidad con la aduana y con la Agencia Tributaria, marcándolos en negativo. Esta empresa seguía realizando operaciones y todo le salía en circuito rojo. El transitario se dirigió a la aduana para exponer el problema que desde aquel incidente tenía su cliente. Analizaron el caso, comprobaron la situación y desde Vigilancia Aduanera se emitió un informe en base al que Gestión Aduanera corrigió el sistema automático de apercibimiento por el que estaba sujeto a una mayor intensidad de reconocimientos físicos.

· ·

La colaboración de los operadores que tienen conocimiento de primera mano, indicios, o bien sospechas de operaciones irregulares permite a Vigilancia Aduanera avanzar en las investigaciones y centrar sus esfuerzos en los objetivos que realmente deben perseguir.

Un transitario, por su habilitación, es una persona intermediaria de unos clientes. La actividad de los operadores del comercio internacional, y en particular la del transitario, requieren el uso de los conceptos y terminología propios de estas transacciones. En ocasiones esto ha generado confusión y alguna situación de indefensión ante entidades ajenas a esta operativa, pues el extraño lenguaje utilizado puede dificultar el discernir si una operación es regular o irregular.

· ·

MOLINOS DE VIENTO

Pasé un año con base en las oficinas de un cliente fabricante de aerogeneradores. Me dedicaba a la supervisión y apoyo técnico en la carga y descarga de los componentes del aerogenerador. Éramos un equipo de seis profesionales que viajábamos por todo el mundo para hacer las funciones de *surveyor* y *coach*, mirar que el movimiento se desarrollaba bien y explicar cómo se hace si hay que corregir la acción. Mis interlocutores eran los capitanes, los portuarios y los transportistas. Las piezas son grandes y pesadas. Tienen sus *lifting points*, que a veces no se ven fácilmente, pero si no los usas, rompes la hélice. Me subía con los portuarios a las piezas, a engancharlas para cargarlas al barco o descargarlas. Las mismas dificultades se presentaban al cargarlas al camión o al tren para su transporte terrestre. Las cargas especiales son muy caras, complejas y peligrosas de mover. Los *briefings* por sí solos sirven de poco. Los portuarios, normalmente, confían más en su amplia experiencia. Por todo ello, esta figura está yendo a más, porque ahorra muchos costes.

Nosotros estábamos supervisando y ayudando. Es un trabajo con una carga humana importante. Llego, saludo, primero voy a presentarme al capitán, empiezo a hablar:

—Hola, ¿puedo hablar con vosotros un momento?

Se tiene que ser muy sensible y gradual. Nada de: «Chicos, vamos a ver, eso se hace así».

Luego, te quedas cerca y observas, y en el momento en que algo no cuadra dices:

—No, así no se hace.

Y entras en acción a su lado, ayudando. Al principio es un rol muy intruso, luego te aceptan.

—¡Ya estás aquí! ¿Qué necesitas?

—Que movamos la grúa un poco más allá.

—¡Chicos! Movemos la grúa.

En Gdynia, tuve que mostrar mucha paciencia antes de que los portuarios me aceptaran. Me miraban como diciendo: «Eso lo hemos hecho millones de veces, no te vamos a hacer ni caso». En la bodega estaban las *nacelles,* el elemento que se sitúa en la parte superior de la torre y sobre el que giran las palas; también había el útil de carga, un *spreader* de metal enorme y unas eslingas. Estaba todo desmontado. Tardaban en empezar a descargar. Yo observaba cómo hablaban entre ellos:

—¿Y ahora qué hacemos? ¿Les damos la vuelta?

—No, así no es —les dije sin que me hicieran el mínimo caso. Yo me quedé cerca.

Al final, después de media hora discutiendo entre ellos, me vinieron a preguntar:

—Oye, por favor, ¿nos puedes explicar cómo va esto?

—Claro, vamos con ello.

Montamos el útil, subo a la *nacelle* y me meto dentro con ellos para enseñarles dónde está el *lifting point*, dónde enganchar el grillete, indico que atrás se tenían que abrir unas escotillas y se hizo todo bien. Es difícil si nadie te dice cómo.

Mi plan de actuación empezaba siempre por mirar cómo me aceptaban. Yo era una chica muy joven y tenía que superar el efecto «¡Y a mí qué me va a contar...!».

· ·

Nunca desestimes la fuerza de la primera persona del plural.
Alcanzamos el éxito o fracasamos juntos.
La llave de las soluciones suele estar en las relaciones.

· ·

TECNOLOGÍA DE LA INFORMACIÓN Y COMUNICACIÓN (TIC)

Se acabó el crédito

Para un transitario, las cerveceras son una cuenta de cliente especialmente interesante, porque los barriles son un activo de la empresa que tiene que volver a planta y ese ir y volver son dos fletes. La operación va con unas cantidades y vuelve con otras, porque los barriles llenos pesan mucho y no maximizas la carga, mientras que los barriles vacíos pesan menos y maximizas por saturación de espacio. El circuito de logística inversa estaba bien diseñado, apoyado en un programa informático del cliente. Enviamos quinientos barriles de cerveza a Miami. Un par de meses más tarde, recibimos seiscientos barriles vacíos de vuelta a fábrica. Esos tráficos eran muy regulares.

Me llama el cliente con una consulta sobre el despacho de aduanas, que no estaba contratado con nosotros al ser despacho en factoría.

—Nos han llamado de la Aduana de Valencia comunicando que no tenemos crédito para el retorno de los barriles. No tenemos DUA con los que cancelar.

Les mandé a nuestro agente de aduanas. Estos despachos tienen su peculiaridad. Los DUA de exportación temporal no se matan uno por uno. Se cancelan por cantidades de barriles. En la salida se hace una exportación temporal del envase y en el retorno, con la llegada del barril vacío, se cancela el DUA de exportación temporal.

Tras ayudarles a revisar sus registros minuciosamente, nos dimos cuenta de que varios envíos atrás, a alguien se le olvidó hacer el despacho temporal y estaba en definitivo. El sistema informático no alertó del error ni los *controllers* del cliente lo detectaron.

Mi agente estimó el alcance del error.

—Se ha metido aquí una pata que va a costar seis mil euros de liquidaciones y sanciones.

Inmediatamente hicimos un escrito explicando el error a la aduana. Normalmente lo aceptan. Esta vez no. Sanción de cinco mil euros. Además, tienes que reimportar los barriles como si fueran una compra y pagar el IVA. Eso va a subir a ocho mil euros. Y faltan nuestros honorarios.

· ·

Las desconexiones entre eslabones de la cadena logística pueden ser muy caras. La parte aduanera tiene la importancia que tiene y no es un mero trámite de despacho.
Estamos metidos en la cuarta revolución industrial y este es un mundo en el que estamos muchos que somos predigitales. La incorporación de gente joven con una excelente formación digital hará saltar cualitativamente este sector. El factor humano es el determinante, también, en la era digital.

· ·

Negocio en línea

Se abrió una nueva división en la transitaria en la que trabajaba y, estando toda mi cuenta de clientes por hacer, contraté con una plataforma *online*. Pagas una cuota y entras en la plataforma cada día o recibes a diario solicitud de cotizaciones. Los clientes piden un servicio concreto a la plataforma, que distribuye el pedido a sus miembros para que hagan sus ofertas y se adjudica a la mejor de ellas.

A través de la plataforma nos contactó un joven que tenía la mercancía lista para exportar a Brasil y al que le habíamos pasado un flete más barato que el resto de transitarios. Al llegar la carga a Brasil nos escribe:

—Ahora no puedo pagarles pero necesito la mercancía, por favor...

Por probar un nuevo canal de venta me arriesgué a contratar con clientes desconocidos, pero no iba a ser flexible con la norma no escrita de que en caso de impago no hay que entregar el B/L bajo ninguna circunstancia.

· ·

La tecnología dinamiza, pero los fundamentos del negocio se mantienen.

La tecnología es un elemento de diferenciación y será un elemento de supervivencia en el cada vez más complejo mundo de la logística global. Los transitarios, como el resto de actores logísticos, están evolucionado sus capacidades online. La potenciación tecnológica de la gestión diaria es en beneficio de los clientes y de la propia empresa.

· ·

La pantalla

Visité mi antigua empresa; y a la última persona que contratamos antes de jubilarme le pregunto:

—¿Qué tal Jordi? ¿Cómo van las importaciones?

—¡Uy! Lo de Canadá bajó un montón y lo de Estados Unidos también; claro, la industria de las artes gráficas ha bajado mucho en España, pero seguimos con los suecos.

—¿Si? ¿Y mucho?

—Sí, sí. De las cuatro fábricas de clientes que tenemos en Suecia, todas están haciendo producciones que traemos para editoriales, imprentas y artes gráficas, especialmente en Catalunyà y Valencia, el área que llevamos desde esta oficina.

—¿Y sigues teniendo los mismos problemas de reclamaciones, de averías de bobinas, de retrasos de transporte, etcétera?

—¡Qué va! ¿Tiene tiempo? Mire. Entramos en la web de la fábrica y sabemos: cuándo les pasan el pedido a los suecos, cuándo ellos programan la producción y cuándo está terminada; cuándo carga el camión y cuándo está previsto que salga. Cuando sale el camión de la fábrica, me entra una alerta en la pantalla, y ya sé todos los camiones que vienen y las matrículas; me estima cuándo está previsto que llegue a Barcelona, la ETA, el *estimated time of arrival*, y luego me alerta cuándo llega. Tienen un programa de trazabilidad fantástico.

Yo entro cada día en la web de los suecos y si me descuido y pasa algo ya me entra una alerta «Hay noticias de Swolmen: pedido tal, salida tal, prevista entrega tal».

—Y aquel lio que teníamos con los *packing lists*, ¿cómo lo llevas?

—¡Buf! No se imagina lo que esto me ha facilitado la vida. Yo ahora ya casi no hablo por teléfono. Mire, aquí está todo —de nuevo me enseña la pantalla—, ahora entramos en la web de los suecos y te sale el *packing list* de lo que cargan, ese *packing list* llega aquí y el almacén utiliza ese mismo, porque yo se lo reenvío.

Con nuestro membrete únicamente hacemos la orden de transporte al transportista local que nos hace las entregas para los destinatarios finales —me lo enseña.

—¡Hombre! ¡Es el mismo modelo que yo inventé!

—Sí, eso sí que sigue vigente, porque este no lo puede recibir ni su web ni la nuestra.

—Entonces, si ni hablas por teléfono ni trabajas, ¿qué haces tú? ¿Mirar cómo la pantalla te lo resuelve todo?

—Hombre, hay más cosas. Pero sí, la tecnología cada día nos quita más negocio. Solo facturamos las entregas locales y poco más. Nos autofacturan ellos desde Suecia. No tenemos ni que gastar papel.

—Oye, y el transporte desde Suecia ¿qué?

—Ya sé por dónde va... No hay manera de entrar. Hablé con el jefe y me dijo que me moviera y buscara ofertas. Se las pasamos a los suecos, pero nada.

—A ver, Jordi, hay que ser un poco pícaro...Vete un día al almacén, que te digan los camiones, las matrículas, de dónde son, a ver quién viene, y comparas.

—Sí, sí. Vienen camiones polacos, alemanes, de todos los sitios, y algún español de vez en cuando. Pero los suecos nos han dicho que del transporte no podemos ganar nada, que nos olvidemos del tema.

Las soluciones del transitario deben evolucionar al ritmo que evoluciona el entorno tecnológico. El cliente exige al transitario capacidad de integración a sus sistemas y trazabilidad de todos y cada uno de esos eslabones de la cadena logística. Estar en disposición de ofrecer a nuestros clientes un valor añadido a nuestro servicio, exige innovar e reinventarnos un poco cada día.

Los avances tecnológicos, de los cuales somos beneficiarios, también plantean retos.

A NADIE LE GUSTA PAGAR EL PATO

Una empresa cargadora me contó una de sus experiencias.

Recibíamos dieciocho mil TEU[11] al año, no estaba mal. Tenía un transitario con muchísima experiencia y que movía un gran volumen de negocio, por lo que podía ofrecer fletes muy competitivos. Pero siempre pretendían cobrar algún retraso en alguna descarga. Una vez les dije:

—Mira, trabajamos todos los días sin incidencias pero alguna vez el *forklift* se puede estropear y el tiempo de reacción, por muy rápido que sea, supongo que será superior a las tres horas.

—Vale, pero esto te lo tengo que facturar, el transportista ha estado esperando...

—Bueno, tú mismo, pero si jugamos, jugamos los dos —esta vez iba a ser la última.

....

[11] Unidad de medida para contenedores que equivale a 20 pies (6,10 m), del inglés *twenty-foot equivalent units.* Las capacidades globales de buques o terminales de contenedores se miden mediante el TEU.

Pocos días más tarde los camiones no llegaban a la hora de descarga y las máquinas estaban paradas. Les dije:

—Fíjate, sube el mismo importe que me facturaste tú el otro día. Solucionado. No hubo más facturaciones por demoras.

....

Nadie quiere que se juegue con él y todos podemos jugar al mismo juego.

Los pequeños gestos comerciales importan mucho; especialmente si son incrementos de coste inesperados.

....

Un máster y un *house*

¿Quién es el responsable del contenedor? Es una buena pregunta.

Un agente nuestro en Sudamérica nos pide, por favor, que le hagamos una operación puntual. Ejecutamos la operación y entonces hacemos un *house* nuestro, se lo emitimos para que después lo gestione él allí y en el máster aparecemos nosotros como cargadores. El contenedor, ya en destino, por diferentes circunstancias, está en abandono.

La naviera a nosotros nos persigue:

—Oye, este contenedor, este contenedor, este contenedor...

—Está en abandono, pero claro, mi corresponsal, que está en el final y es el que me dio la carga... Ahora nosotros le estamos reclamando a él.

Pero la naviera sigue:

—A mí qué me explicas...

Yo sigo detrás del agente, que me dice:

—No, yo con la naviera ya lo he solucionado.

—Sí, y el contenedor sigue ahí parado y a mí la naviera me sigue llamando...

Quisimos hacerle un favor, en vez de haber dicho nosotros «Dame tú el *house* tuyo, yo te emito el *house* y apareces tú como cargador en el máster. Yo te hago aquí toda la gestión, yo te cobro, y se ha acabado, y ya te apañarás». Al final llegamos a una solución, pero me costó lo mío...

Nunca más. Yo emito mi *house* solo cuando la gestión es mía.

· ·

La emisión de un house B/L tiene unas responsabilidades enormes.

La desconfianza eleva los costes de transacción, pero el exceso de confianza también.

· ·

PERDER ME SIENTA MUY MAL

Un barco con sobrepeso hizo transbordo en un puerto. Lo peor fue que dejaron allí nuestro contenedor y otros más. Tenía que pasar otro barco a buscarlo. Pero no pasó. El contenedor llegó a destino en tres meses, cuando en veintidós días debía haber llegado.

Los cabreos fueron míticos, tanto el mío como el del cliente. Al final el cliente te culpa a ti aunque es consciente de que es la naviera. Y además no hay reclamación, porque el condicionado está perfectamente redactado para que nadie pueda hacer nada

—aunque no dejamos de consultarlo con abogados. No pudimos hacer nada.

Continuamos la relación, estuvimos hablando un montón de veces por teléfono y, en una visita rutinaria, me dice:

—Sobre el contenedor aquel de Taiwan, yo perdí al cliente, que es una facturación anual importante, y evidentemente alguien tiene que ser responsable.

—Mira, estás apuntando donde no debes. Sabes perfectamente que a lo largo de nuestra trayectoria lo he hecho todo, lo he dado todo, hemos estado encima de todo. No me parece justo. ¿Qué vas a conseguir? Dime qué está en mis manos, podemos tomar medidas por si alguna vez volviera a suceder, que pongamos una alerta, un aéreo, no lo sé... Aprendamos todos de esto.

Y me castigó. Se fue con otro.

Fue la época en que empecé con la meditación. Bendito remedio.

· ·

Somos personas.
Hay que separar el trabajo de lo personal.

· ·

UNA SALIDA EQUILIBRADA

Mil dólares por debajo de la realidad

Nací en Bilbao y, por el hecho de haber vivido de cara al mar, el mundo portuario me atrajo. Quise ahondar más ahí, sin embargo estudié Derecho porque lo vi más claro. No es que tenga una vocación como pueda tener alguien que sabe que lo suyo es la Medicina, básicamente porque todo el mundo tiene una idea de lo que es ser médico y nadie sabe qué es ser transitario, a no ser que las referencias estén en tu familia. Fuera del ámbito del transporte y el comercio internacional, ¿quién sabe qué hace un transitario? ¿Alguien recuerda algún transitario famoso? Siguiendo la intuición, hice un máster en Comercio Internacional y después unas prácticas en una empresa de transporte y logística, donde fui a caer en el departamento de carga durante un tiempo que me sirvió para afirmar mi ilusión por esta actividad. Descubrí el potencial para crecer profesionalmente y ya quería hacer de este mundo el mío; eso sí, tras sobrevivir a alguna metedura de pata.

Mi primera oferta fue solicitada por un agente para enviar unas barras de acero a Estados Unidos que salían en un *open-*

top por el puerto de Bilbao. Olvidé incluir el BAF como un elemento de cotización y lógicamente nuestra oferta quedó como mil dólares por debajo de la realidad, oferta que fue aceptada. Cuando nos dimos cuenta tuve la sensación de que era el fin y no dormí en varios días. El director estuvo fenómeno, contándome su primera catástrofe.

Luego tuvimos una situación de cierta fortuna porque, al recibir el *routing*, nos encontramos sin disponibilidad de equipo con la línea marítima con la que teníamos esta cotización. Ante la inminencia y la necesidad de tener que cargar el embarque, el agente nos pidió que buscáramos alguna otra alternativa aunque fuera más cara, y ahí salvamos un poco los muebles. Asumimos las dos partes el 50% del diferencial, en aras de sacar la partida adelante y, bueno, cubrimos el expediente, no perdimos dinero y fue una lección inolvidable para mí.

. . . .

De los errores se aprende con el uso. Mira cada error como un eslabón de tu carrera; te permiten aprender, corregir y mejorar.
La sociedad tiene poco conocimiento de la actividad del transitario.

. . . .

Devolución de contenedores

Me llama un cliente. «Oye, hablemos. Hacemos con vosotros ocho trenes semanales. Yo veo la oportunidad de que renegocies con tus transportistas la devolución de los contenedores al *depot* o a la terminal del puerto. Te garantizo la limpieza del contenedor en mi fábrica, con lo que evitamos tiempo y costes de revisiones y limpieza en el *depot*. Te aseguro que te lo dejo limpio. Lo podrás utilizar sin pasar por el *depot*. Al final ahorramos todos».

···

La limpieza de los contenedores es un problema que se resuelve vía acuerdos o vía gastos adicionales.
Los acuerdos funcionan mientras todo el mundo gane un poco.

···

PERAS O MANZANAS

Muchas veces se acaban comparando peras con manzanas. Intentas transmitirle al cliente: «Yo tengo la capacidad y el conocimiento para adaptarme a tus *peras*. Para hablar en tus conceptos, en tus términos o en los que te haya cotizado alguien. Muéstramelo, porque entonces te aclararé las cosas».

—¿Te están cotizando estos conceptos?

—No sé si es lo mismo y tú lo estás llamando de otra forma. Lo que está claro es que estoy sumando y me sale otro importe. En los gastos FOB, los gastos de salida, ellos me han pasado un *forfait* y tú me has pasado el THC[12] por un lado, la

·····························

[12] Siglas de *terminal handling charge* o «cargo por manipulación en la terminal».

T3[13] por otro, el despacho por otro, y todo esto sumado me da más.

—Dime cómo lo quieres. ¿Te dan un único importe? Pues yo te doy un único importe. Yo me adapto a ti. Esta al final es mi obligación.

Yo mismo me digo: «Ya me ha quedado claro que te estoy cotizando de manera diferente, por lo tanto te estoy despistando. Así que cambio mi manera de cotizar y me adapto a ti, para hacerte fácil y real la comparativa».

Una empresa que se aproxima al mercado pensando: «A ver cómo se la podemos jugar...», está equivocando la estrategia comercial. Lo primero es hablar el mismo idioma.

[13] Tasa que los puertos españoles aplican sobre la mercancía, equivalente a la *harbour dues.*

ACTITUD

Corre el riesgo de que nuestro negocio
se esté volviendo muy frío

Los resultados de una encuesta para conocer las percepciones de nuestros clientes acerca de nuestro servicio me sorprendieron gratamente por la oportunidad que abrieron; incluso me regalaron uno de esos momentos que llamamos *felicidad*.

Preguntados: ¿Qué necesitáis? ¿Qué os gusta? ¿Qué no os gusta? ¿Qué os ofrecen otros que no os ofrece esta empresa?; respondieron:

En primer lugar, el contacto vía teléfono es muy importante.

- A veces me piden una cosa, se la mando y me contestan: «oye, pero me falta esto, ¡ah! y envíame esto también...». Oye, ¿Por qué no llamas por teléfono? Te haces diez *e-mails* de un mismo tema y yo digo «hombre, llámame y me explicas e igual te voy a entender y dejas de escribir "ahora esto y ahora lo otro..."». Yo con mis clientes, aunque estén en la otra punta del mundo, cojo el teléfono y digo: «Oye, no te entiendo, ¿qué necesitas? Ok, mira, es esto; ahora te lo escribo». Aunque todos hablemos el mismo idioma, a veces no nos comprendemos. Y con una llamada telefónica las cosas se explican de forma más clara. Al hablar, la gente se entiende mejor. Luego recibes los *e-mails* de «Necesito precio para...». Antes el trato con el cliente era vía teléfono, cerrabas precios con la naviera o con el cliente y aquello estaba cerrado aunque no hubiera nada por escrito. Hoy en día el contacto con el cliente y con la naviera es por escrito. Ahora hay mucho *e-mail* y todo es de ahora para ahora; pero los clientes agradecemos el contacto directo.

En segundo lugar, los clientes también están pidiendo más visitas, más interacción cara a cara.

– En lugar de una vez al año, ven un par de veces. Dime: «¿Qué tal? ¿Todo bien? Mira, te traigo los documentos y así nos vemos y tomamos un café». Sin darte cuenta lo vas dejando de hacer, porque el día a día te absorbe, pero el contacto humano es importantísimo y parece que se está perdiendo.

....

Hablemos, no lo escribamos todo; respetando los procedimientos, las ISO y la evolución.
El lenguaje oral no solo es un modo de comunicación sino también de socialización.

....

ACTS OF GOD

Un amigo tenía una fábrica de equipos, maquinaria y depósitos para la industria química y petrolífera. Todo ello requiere transporte especial. En transporte especial yo conozco mis carencias y no me la juego, menos con un amigo. Me llama:

—Tengo un problema. Tengo cuatro depósitos, de veintidós metros de largo por un diámetro de quince metros cada uno, que me los compran para un almacén en el norte de Alemania, en un puerto que se llama Weimar. Mi transportista de especiales de toda la vida me dice que no tiene los permisos para atravesar Europa; y yo tengo una penalización si no entrego en tal fecha porque es un proyecto.

Dándole vueltas, me acuerdo de otro amigo, estibador, que me ha dicho que traían unas bobinas de siderurgia en unos barcos que fletaban. Llamo:

—¿Cada cuánto tienes esos barcos?

—El viernes tienes uno.

—Y esos barcos cuando escalan aquí, ¿qué hacen?

—No sé, yo cargo y descargo, y punto. Habla con *fulanito*.

Hablo con *fulanito*:

—¿Y qué hacen los barcos aquí?

—A veces van a Italia, otras se quedan. Yo soy el consignatario, atiendo al barco cuando está aquí. En ocasiones me preguntan si tengo alguna carga de retorno, hacia el norte de Europa siempre, porque esos son sus tráficos. Pero no siempre hay carga.

Le pido precio. El flete salía carísimo, pero la alternativa por carretera, aún más.

—El barco llega el jueves y el viernes en la tarde ya lo tienen descargado.

Era martes. Llamo a mi amigo:

—Mira, hay esto. Ponte en contacto con *fulanito*.

A las dos horas, me llama *fulanito*:

—¡Oye! Que el transportista no tiene los permisos para bajar los depósitos de su almacén al puerto.

Llamo a mi contacto en el Departamento de Tráfico:

—¿Estáis tramitando unos permisos para Transportes Oldco?

—Sí.

—¿Están caducados?

—No están caducados, acaba de pedir la renovación, pero si los necesita, ya los puede utilizar.

Solventado. Mi amigo empresario quiso acompañarme al puerto a ver todo lo que le había organizado. Vimos la carga, el barco, al consignatario, al estibador; y el barco salió muy bien.

Fuimos a una tasca y mis amigos hicieron las bromas típicas.

—¡Seguro que te ha cobrado un pastón por el barco...!

—Pues en confianza, ¿sabes cuánto me ha ahorrado con este barco? Ochocientos mil euros.

Como ya iban muy al límite de tiempo, el hombre estaba preocupado.

—¿Cuánto tarda el barco en llegar?

—Hay temporal y los barcos no pesan mucho, solo llevan estos depósitos, el Capitán me ha dicho que tiene que ir costeando...

—Oye, diles que ya salió, que va en barco.

—A los alemanes no les engañes. Diles que no tenías los permisos porque los franceses ponían pegas para los camiones, que los depósitos salen en barco...

En el Canal de la Mancha el barco coge una tormenta y se tiene que refugiar en un puerto tres días. Un intermediario en Alemania le estaba protestando, que no sabía si podría evitar la penalización, etcétera.

—Vamos a ver, el contrato de transporte marítimo no es un contrato a tiempo, no te obliga a entregar en una fecha porque hay *acts of god;* el tiempo, o lo que sea. Díselo a este agente —lo tranquilicé.

—Este no entiende nada, solo entiende de pelas.

—¿No será que te quiere levantar la camisa y decirte que tienes que pagar penalización y tal?

Como hablo alemán, llamo al armador, Bisckmark, para explicar lo que pasa con el barco, comprobar si puede hablar con esta gente y que pregunte cuándo van a empezar a trabajar con estos depósitos. Me dice:

—Pero si nos han contactado ellos, que a ver si pueden dejar los depósitos en el puerto un par de semanas, porque su almacén es muy pequeño y todavía no pueden instalarlos.

. . . .

Toda esta cadena está llena de causalidades o casualidades. En el comercio internacional siempre tienes que estar encima.

. . . .

DE CRUZ A RAYA

Tenía un cliente en un pueblo del norte. Su fábrica estaba debajo de la ermita, por lo que el logotipo de su etiqueta era la ermita con su cruz. Embarcamos bobinas de papel a Yidda. Hicieron una inspección en destino, cosa que no nos había pasado en muchos años, abrieron el contenedor y nos dijeron «Esto no puede entrar en este país, por la cruz». Para evitar la reexpedición, se nos ocurrió vaciar los *containers* en el puerto y volver a etiquetar las bobinas con etiquetas de una sola raya.

En el comercio internacional tienes que reaccionar siempre con rapidez y a veces con creatividad.

ABIERTO HASTA EL AMANECER

Con el tiempo he ido diversificando el negocio, siempre prestando servicios altamente especializados que exigen desarrollar capacidades muy específicas, pero que tienen sus ventajas en términos de sinergias y barreras de entrada.

Unos mejicanos me pidieron hacerme cargo de la consignación de las reparaciones de sus buques. Aquí había otro agente que ofrecía estos servicios. Yo intento ser siempre muy atento con mi propia competencia. Me llevaré mejor o peor, pero procuro ser muy respetuoso. Me dicen que quieren cambiar de agente. Yo les digo que muy bien, pero que antes de cambiar de agente, ni de hablar de grandes propuestas, ni de ofertas ni de nada, tenían que terminar con su agente y dejar liquidados todos los temas pendientes con ellos.

—Sí, sí, nosotros ya hemos hablado con ellos. Hombre, no les ha gustado, pero saben que estamos nosotros ya negociando y tal.

—Muy bien, bueno, pues para empezar a hablar, yo quiero decirles a ustedes que nuestra empresa no es barata. Nosotros somos caros, según el concepto que hay en el mercado.

Uno de los mejicanos, se llamaba Ricardo, me dice:

—Hombre, se está usted cerrando las puertas antes de empezar a negociar.

—No, es que no quiero malos entendidos. No me vengan ustedes con historias de rebajas ni de descuentos. Ustedes hagan una valoración de los servicios que quieran y nosotros les vamos a dar un precio. Pero ese precio es nuestro precio. No es negociable. Si quieren bien, y si no lo dejan.

Y así fue. Y eso les impactó a ellos. Al final, les pasé la oferta. Ellos la recibieron bien. Tardamos un mes en que ellos liquidaran al otro agente y dejaran todo solucionado. Entonces empezamos nosotros a ocuparnos veinticuatro horas al día de todo lo necesario para que el buque se quedase en el puerto lo mínimo imprescindible.

· ·

El que sabe de logística conoce lo que vale una entrega a tiempo. Y sabe que un barco no puede esperar. Estar abierto veinticuatro horas puede suponer el tener a una persona dedicada el 31 de diciembre a las doce de la noche, por cumplir un compromiso de servicio y ahorrarle costes al cliente.
Todo esto el cliente también lo sabe y lo va a valorar siempre.

· ·

Recuperar clientes

En una ocasión se me presentó un gran reto profesional, tuve que salir a la calle a recuperar a clientes que se habían perdido con mucha razón. Me costó muchísimo esfuerzo. Lógicamente no los traje a todos de vuelta, pero a una gran parte sí. Aprendí algunas cuestiones básicas:

Para vender a un cliente nuevo o recuperar a un cliente, una de las cosas que no se deben hacer es mentir.

Otra de las cosas que también es horrorosa es hablar mal de la competencia. Importantísimo.

No tienes que rebajar precios ni reventar el mercado; lo bueno vale dinero.

Tienes que dar confianza. Eso lo da cada uno por su persona, al actuar con buena fe. No es que el cliente te dé su confianza; tienes que ganártela tú.

Ser un buen comercial no es captar un cliente por un tiempo corto, sino construir una relación duradera con clientes con los que se trabaja muy bien.

. . . .

Si el cliente es el bien más escaso del mundo y tú das calidad de atención y servicio, no cometas el error de creerte que no hay otro como tú.

Siéntete seguro de ti mismo, pero no arrogante. Sé humilde, para no dormirte en los laureles, porque el mundo es agresivo y hoy en día, desde cualquier lugar del planeta, alguien cree que puede dar el mismo servicio que tú.

. . . .

LA REPUTACIÓN

Uwe y el Sr. Hartman

Tuve un caso con el que casi me pillo los dedos. Exportamos toda una planta industrial de Zaragoza a Indonesia. Era una fábrica para procesamiento integral de troncos de *eucaliptus* para hacer *chips* de madera. Un alemán vendía la instalación a Indonesia. Nosotros teníamos que realizar todo el embalaje de las maquinarias en el taller de construcción en Zaragoza. Transporte y embarque vía Bilbao.

Recibo instrucciones de pasar la oferta a través de mi oficina de Bremen. No me olvidaré nunca. Lo de siempre:

—¿El *profit* para Bremen cuánto va a ser?

—Vamos a medias.

—Pero tú no me acabas de decir cuál es el *profit*.

—Mira, Uwe, ¿cómo me voy a arriesgar ahora, antes de empezar a hacer nada? ¿Cómo voy a saber cuál es el *profit*?

Yo tenía que mandar unos embaladores a Zaragoza, encontrar proveedores de madera para hacer las cajas, etcétera. Él seguía insistiendo, y yo:

—Espera, Uwe...

Justo antes del embarque, ya en el puerto de Bilbao, se me presenta un hombre:

—Soy el Sr. Hartman, el dueño.

Se mosqueó por la madera de las cajas... Cuando llegó a Bremen le metió una bronca al colega mío: «Todo está mal...». Fue todo lo educado que puede ser un alemán cabreado y con razón.

El fallo estuvo en la selección de proveedores. Mi primera oferta se basó en una gente seria, pero luego, buscando rebajas, me ofrecieron un 30% menos, pero claro, metieron madera de pino y las tablas empezaron a resquebrajarse. Un desastre... Me supo mal por el pobre Uwe.

....

La reputación es un gran valor y pobre es el que la pierde.

....

Papel mojado

Desde Barcelona gestionamos las exportaciones del Grupo Papelera. Era un gran grupo, estaba participado por el Estado y el Banco Bilbao había invertido en las fábricas en el País Vasco. Los vascos son gente que saben hacer muy bien papel, conocen el tema. Desde la fábrica de Bilbao se hacía un cartón estucado muy especial. Los años ochenta fueron duros. Se vendió la sociedad y el banco se deshizo de sus acciones. Un grupo catalán invierte y crea Prats Cartón, que con el tiempo, a su vez, pasa dificultades. Y la acaba comprando un conglomerado italiano que a estas alturas el lector ya conoce, Rinaldi.

Rinaldi tenía unos mercados muy importantes. Con su mentalidad italiana, decían que sus fábricas en Italia hacían una calidad muy superior de la que se hacía aquí. Su estrategia para España fue enfocar la producción a los mercados de exportación. El gerente de Prats, con quien tenía confianza, compartió conmigo su frustración:

—Estos italianos me están machacando porque yo aquí tengo un mercado muy importante. Pero me dicen que el mercado español lo van a servir ellos desde Italia y que aquí fabrique para los mercados de Egipto, Argelia, Marruecos, Túnez, Irán, Irak, para todos los países árabes, en los que ellos ya tienen una amplia presencia. Te puedes creer que la dueña, una dama italiana, me dijo: «Yo soy la primera mujer que entró en Arabia Saudí a vender cartón».

El primer pedido de esta nueva era de la papelera española fue para Egipto. Era un pedido pequeño: diez toneladas de cartón paletizado y retractilado con plástico, con unos flejes perfectos, embalaje impecable. Lo embarcamos, no en contenedor sino en bodega de barco convencional. Al cabo de casi un mes, me llama el responsable de logística de Prats:

—Oye, tenemos un problema. Desde Italia me dicen que el cliente egipcio rechaza la mercancía porque dice que está mojada por agua de mar.

Yo llamo a la naviera:

—Oye, ¿han puesto alguna reserva, han dicho algo en la descarga en Alejandría?

Me aseguran que no. Y los italianos, muy insistentes con la fábrica de aquí, que me traslada que el cliente no quiere la mercancía, que no la paga y que no la piensa pagar. Un mes había transcurrido desde el envío. Los italianos nos ponen ya faxes agresivos para que pidamos responsabilidades a la naviera.

—Oye, que la mercancía está en el puerto, que dicen los egipcios que ni la retirarán ni la pagarán —esta era la historia que contaban desde Italia.

La naviera me dice lo esperado:

—El B/L no tenía ninguna reserva. Al capitán le hemos pedido el cuaderno de bitácora y no hay ninguna reserva. Y la mercancía ya se la llevaron.

Se lo comunico al interlocutor de aquí. Su respuesta fue lastimosa:

—Oye, de Italia me dicen «*Non è vero*», que la mercancía está en el puerto de Alejandría.

—¿Non è vero?

Abusando de la naviera, le pido por favor que vayan al almacén de este cliente, que está en El Cairo, y comprueben esto. En aquella época no había los medios de ahora. La naviera me manda unas fotos. La carga está en un almacén, más bien un cobertizo, que no tiene techo y cuyas paredes están abiertas.

Y de Italia siguen con el *acqua di mare, acqua di mare, acqua di mare.* Al final Italia reconoce que el cliente nos ha engañado: la mercancía ya no está en el puerto, está en su almacén.

—¿Y ha puesto alguna reserva al estibador? ¿Al puerto?
—Alejandría era un puerto estatal, con un estibador único.

—No, nada —por la amistad, me presiona—. Tú machaca a la naviera, mantén que se ha mojado la mercancía.

—¿Cómo que «machaca a la naviera»? No es un vicio oculto, se vería en los *pallets* que estarían mojados. Pero vosotros embaláis el *pallet* con unos plásticos gruesos, bien protegido. ¿Estaban rotos los plásticos?

—No, algunos, pero en otros se ve una humedad por todo el plástico y esto es de agua de mar.

Bueno, en esta disputa voy a llegar al fondo del asunto. Me voy a gastar dinero. Llamo a SGS:

—¿Tenéis oficinas en El Cairo?

—Sí.

Mando a un inspector de SGS para que analicen la mercancía. Complicaciones:

—No, ahí no le dejan analizarlo.

—Bueno, pues que pida unas hojas de cartón, lo traemos aquí, lo analizamos aquí y a ver si es agua de mar o no es agua de mar.

Efectivamente, vienen las muestras y se analizan.

—¿Es agua de mar?

—No, no. Esto es agua de lluvia.

Los italianos:

—No puede ser, los egipcios nos han mandado unas muestras y contienen agua de mar. Pero, ¿cómo puede ser? ¿Los egipcios las han metido en agua de mar?

Con una presión así y con un grupo importante como Rinaldi, cuando ya había conseguido yo que empezaran a trabajar algo con la oficina de mi empresa en Hamburgo para los tráficos con Italia, ¿qué haces?

Me dice el cliente, Prats:

—Que lo devuelvan. Si no está mojado por agua de mar, lo volvemos a meter para hacer pasta de papel.

Al final, yo tuve que convencerme de que la mercancía estaba mojada por agua de mar, aunque ya había verificado que no...

—Bueno, pues devolvedlo, y el transporte de vuelta que lo pague el egipcio.

—¡¿Cómo?! Otra diatriba...

Había transcurrido un mes y medio desde que mandamos la mercancía y tardaron otro mes más en devolverla a Barcelona. Por la buena relación con la naviera convenimos que si el flete era entonces treinta dólares por tonelada, el flete de devolución se lo dejamos a Prats a quince dólares por tonelada. Nosotros no tuvimos más costes que el pagar a SGS para demostrar la evidencia de que alguien nos estaba metiendo un gol en este tema.

Pagamos por mantener nuestro prestigio. Es una cuestión de actitud. Yo, por mi reputación y la de mi empresa, mato. Aunque luego, claro, imperó el acuerdo por bien de mi grupo y desde mi oficina tuvimos que dejar pasar cuestiones que teníamos probadas. Lo cual el cliente apreció y dimos continuidad al negocio.

· ·

Cuando te imputan un error que no es tuyo, se puede y se debe pelear en legítima defensa.

«Ojo por ojo y el mundo acabará ciego», dijo Mahatma Gandhi.

· ·

BIS

——

OTRO CASO

Hoy nos ha llegado un caso de una expedición que ha fracasado. Va de España a China y ha fracasado porque alguien había puesto unas etiquetas mal y al fabricante de aquí se le ocurre cambiar las etiquetas y enganchar las correctas encima de las antiguas. Pero esto en China es ilegal, por lo que ahora, esta mercancía no puede entrar. Hemos quedado esta tarde con el director de logística del fabricante. Obviamente este caso todavía no sé cómo termina.

....

El transitario tiene una función: hacer de puente entre comprador y vendedor, y arreglar todas las cuestiones que surjan. El primer y último mensaje que pensamos que deben tener los futuros —y actuales— profesionales de la logística es que se deben formar, pero se deben formar siempre, porque la logística es absolutamente ágil y el sector está en constante evolución. No siempre en la vida sabes cómo terminan las cosas. Lo que llegue, que te encuentre preparado.

....

Cómo hacer de la cadena de suministro un centro de valor
Angel Caja Corral

Cadena de suministro 4.0
Alberto Tundidor, Eva Hernández, Cristina Peña, Javier Martínez, Javier Campos, Carlos Hernández

El crédito documentario y el mensaje SWIFT
Luis Sánchez Cañizares

La investigación en seguridad. Del Titanic a la ingeniería de la resiliencia
Jaime Rodrigo de Larrucea

Manual del comercio electrónico
Eva María Hernández Ramos, Luis Carlos Hernández Barrueco

Sales and operations planning. S&OP in 14 steps
Cristina Peña Andrés

Economías transformadoras de Barcelona
Ruben Suriñach Padilla

Planificación de ventas y operaciones. S&OP en 14 claves
Cristina Peña Andrés

Cómo participar en ferias comerciales
Cristina Peña Andrés

Manual de prevención de riesgos laborales
Blas Gómez

La economia social y solidaria en Barcelona
Ivan Miró, Anna Fernàndez

Negociación para el comercio internacional
Cristina Peña Andrés

Manual del manipulador de alimentos
Blas Gómez

La economía social y solidaria en Barcelona
Anna Fernàndez, Ivan Miró

Manual de seguridad en el trabajo
Marge Books

Cómo innovar en las pymes. Manual de mejora a través de la innovación
Alberto Tundidor Díaz

Guía documental para exportar e importar. Los 12 documentos clave
Alberto García Trius

Mass customization. Las claves de la personalización masiva
Blas Gómez Gómez

Crédito documentario. Guía para el éxito en su gestión
Cristina Peña Andrés, Amelia de Andrés Leal

Guía práctica de las reglas Incoterms® 2010
David Soler

Certificación Lean Six Sigma Green Belt para la excelencia en los negocios
Lean Six Sigma Institute, SC

Certificación Lean Six Sigma Yellow Belt para la excelencia en los negocios
Lean Six Sigma Institute, SC

Negociación intercultural. Estrategias y técnicas de negociación internacional
Domingo Cabeza, Pelayo Corella, Carlos Jiménez

Las reglas Incoterms® 2010. Manual para usarlas con eficacia
Alfonso Cabrera Cánovas

Regímenes aduaneros económicos y procesos logísticos en el comercio internacional
Pedro Coll

Inglés náutico normalizado para las comunicaciones marítimas
José Manuel Díaz Pérez

Shipping & Commercial Case Law
Albert Badia

Gestión medioambiental en la industria
José M.ª Suris

Gestión financiera del comercio internacional
Josep M.ª Casadejús

Manual de gestión aduanera. Normativas del comercio internacional y modelos de integración económica
Pedro Coll

Los abordajes en la mar
Carlos F. Salinas

El desorden sanitario tiene cura. Desde la seguridad del paciente hasta la sostenibilidad del sistema sanitario con la gestión por procesos
Rajaram Govindarajan

Gestión y liderazgo en una empresa de seguros
Simón Mahfoud y Digna Peña

València, 558 – 08026 Barcelona – Tel. +34-931 429 486 – marge@margebooks.com – www.margebooks.com

www.ingramcontent.com/pod-product-compliance
Lightning Source LLC
Chambersburg PA
CBHW071201130726
47998CB00002B/574